マジョリン先生の 学級づくり たねあかし

土佐いく子 著

フォーラム・A

はじめに

「先生がダメだから、学力が低いんだ」

「先生がダメだから、いじめが起きるんだ」

「先生がダメだから、学級が崩壊するんだ」

……先生が、生きづらい今ですよね。

しかし子どもに足を蹴られ、腕を噛まれ、教卓の引き出しに「先生死んでくれ」と書かれた紙を入れられても、あの子の苦しんでいる姿だからと、抱きしめて、格闘している先生が、この国にはいっぱいいることを私はよく知っています。

二万人を越える自殺者がいる、いじめで命を絶つ子どもがいる、働きたくても働けない青年たちがいっぱいいる、親が子を殺し、子が親を殺すというこの時代の中で、人間が悲鳴を上げています。

しかし、その中で明日に向かって育っていこうとしている子どもたちと共に、命を育て、朝早くから遅くまで働いている教職員が、たくさんいることを、私は知っています。

だからこそ、日本の教育は、もっているのです。

借金を返すために夜遅くまで働く親を待ちながら、小さな弟の面倒を見ている三年生がいます。「なあなあ先生、夕べ父ちゃんがね……弟がね……」と話をする子どもを見て〝ああ学校があって良かったなあ〟と思うのです。

こんな今、私たち教師に求められていることは何なのでしょうね。

明日からすぐに役立つ技術もいるでしょう。パソコンを開いて、手短に情報を手に入れて生かすもいいでしょう。しかし今、困難な教育現場を乗り切っていく為には、それだけではやっていけないと実感し始めた青年教師たちです。

困難な時こそ、教育の条理・原理・原則にかえることです。大事なことは、そうたくさんはありません。

私は、四つ考えています。

①今日の子どもをどう理解するのか、子ども観が問われています。

子どもの心の声が聞こえてくる、子どもの生の姿が顔を出す教育学が求められています。子どもに「先生死んでくれ」と言われても、笑顔で返せるような、子どもの見方が豊かになると、元気が出るでしょう。この子らと明日もやっていけるわと。

②子どもたちは、どの子も自分を表現したいと願い、そしてそれを受け止めて欲しいと心から思っています。それを保障していく教育が求められています。とりわけ言葉で自分を表現する力は、人間形成と学力にかかわるかけがえのないものを養ってくれます。

③人と人のかかわりに困難を抱えた時代です。「死んでも一人、死んでからも一人」と大きな事件を起こした孤独な青年の叫び、家族間の事件、いじめ、ひきこもり……人と人との関係性はこの時代のキーワードと言ってもいいのではないでしょうか。

だからこそ、集団づくりがことのほか大切になってきたと考えてます。この本では学級集団づくりについてあらためて学び直していきたいと筆を進めました。
④そして四つ目の教育の困難を拓く重要な鍵――それは親と教師の連携なのです。考えてもみてください、どんなに有能な教師でも、たった一人で孤軍奮闘では、限界があります。ところが、たくさんの親たちと教師が手を結んで、子どもを育んでいこうとなるとそりゃあ、大きな力を発揮しますよね。そう言われても、「それが難しくて苦手なんです」と。だからこそ、どうすれば協力関係を結んで、大きな力にしていけるのか詳しく述べました。

「生まれてこんかったらよかったんじゃ」

「人間なんて信じられるか」

と荒れ狂う子どもを羽交い締めして、抱きしめた時、子どもの淋しさが身体から伝わってきました。今学校は何をしなきゃならないのかと何度も問答してきました。


そうです。学校は、やっぱり子どもたちと希望を語り合うところなのです。学校に来たらかしこくなれる、どんな子も見捨てられない、先生ってあったかいな、友だちってええなあ、人間って信じられるんだということが、理屈抜きに身体に染みこむような取り組みが今求められています。


「ここに来るのが疲れてしんどくて、迷いましたが来たら、元気になりました。エステに来た気分ですよ」

ある教育講座の参加者の感想です。

この本を読んだら、エステに行ってきた気分、心も身体も軽くなり、元気になったと言ってくださる本になればいいなと願い、まだまだ未熟と知りつつ筆を進めました。

自分の関心のあるページからどうぞ読み進めてみてください。

目次＊マジョリン先生の 学級づくりたねあかし

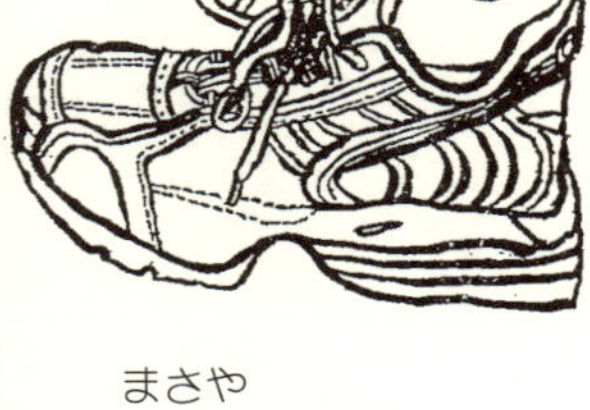
まさや
（４年生）

その一 子どもが安心できる出会いをつくるたねあかし

1 子どもたちが見えますか?

不安で不安で……

今勤めている大学の学生達が、たくさん四月から現場へ出ます。どの人も口を揃えて「不安で、不安で……こんなんでやっていけるでしょうか」と言います。私が「『不安じゃないわ、自信ありますよ』という人いるの?」と聞くと誰もいません。ですよね、まだまだ未熟な大人が、育ちの途上にあるこれまた未熟な子どもを教育するって、不安ですよね。「自信あるよ」なんていう傲慢な人の方が、私はこわいです。不安だからいいのです。不安だからこそ学ぼうとするのです。不安だから子どもに謙虚になれるのです。

またある学生が言います。「先生、私ほんとは弱い人間なんです。どうしたら強くなれるか教えてください」と。

「弱かったらあかんかなあ。私なんか、あかんたれで、弱いから、いつでも助けてもらって、まわりの方に元気をもらって、なんとかやってきたのよ。自分の弱さを責めないで、弱さを愛しんでやっていこうよ」と言うと泣くんです。不安で弱い人間が、子どものかわいさ、けなげさに支えられ、励まされて、共に成長させてもらえる仕事、それが教師なのです。

けんた（3年生）

教師になって七年目のサークル（作文の会）の後輩が、新学期を迎える前日に我が家にやって来ました。今度担任することになった三年生に、文字の読み書きができず、ケンカが絶えることのない子がいると言うのです。口にする言葉は、「キモいんじゃー！」「ぶっ殺してやる！」「あいつなんか消えろ！」

この子を抱えながらどうやって学級経営していったらいいのか不安で……不安で……

「そら大変やなあ、しばらく苦労はあると思うけど、出会ってもないのに不安がることないよ。子どもと出会って、そこから子どもを知る謎解きの旅が始まるのよね、文字の読み書きのできない悠太くんは、辛い思いしているよ。どの子よりも字を覚えたい、勉強わかるようになりたい、かしこくなりたいと願ってるよ。その思いに触れたら、その子のこと可愛いくなって、これから何をしていったらいいか見えてくると思うわ」

こんな話をしたのです。（この一年、悠太くんがどんな成長をしたのか、一四〇頁から紹介します）

子どものことを知るとかわいくなる

「せんせい、ぼくね、がっこうにくるまで三ねんもまってんで」

「せんせいのなまえわすれへんように、まいにちねるとき『とさ先生、とさ先生』って、三かいいうてねるのよ」

学校に入学する日を指折り数えて待ってくれている一年生、恋人のように私の名前を三回も呼びながら眠りにつくという子ども、呪われて名前呼ばれることはあっても、愛しい想いで、三回も名前を言ってくれるなんてないでしょ、ありがたい子どもたちですよね。

こんな子どもたちに、なんだ学校に来てみたらつまらないなあ、がっかりや、先生なんて大嫌いと思わせるわけにはいきません。

初めて鉛筆を握った日、「せんせい、がっこうきたら、手もべんきょうするねんな。足もべんきょうするねんな。おめめもべんきょうするねんな」と、つぶやきながら体じゅうで一生使っていく文字の学習をするのです。

勉強のおもしろさ、かしこくなる喜びをどの子にもと心ひきしめ、衿を正して、教師もまた気持ちを新たにさせてもらう新学期です。

学校にも子どもたちの心にも、先生の心にも新しい風が吹く新学期なのです。

ネパールやバングラディッシュの子どもたちの教育支援のお手伝いを少しやらせていただいていますが、これらの国では、学校に行けない子どもたちが、まだまだたくさんいます。

そんな子どもたちのことを思う時、日本じゅうの子どもたちが、ランドセルを背負って学校へやって来る風景って、つきぬけるような希望だと思いませんか、そのランドセルにかしこくなりたいよ、先生優しくしてね、お友だちと仲良くなりたいなという願いを詰め込んでやって来るのです。

ところが、かわいくないんです

ところがです。目をキラキラ輝かせて、先生を待ってくれている子どもたちとの出会いを期待していったのに……なんと始業式からしゃべり続ける、立ち歩く、もうケンカ、「あ～あ、○○先生の方がよかったわ」

と騒然としているではありませんか。子どもが可愛いなんて嘘でしょ！　ここであわてないあわてない！子どもを知る旅の始まりなんですから、しゃべり続ける、立ち歩く、ケンカ……何かわけがあるのです。SOSのサインや願いや訴えがあるのです。

そんな子に限って、出会いの日、名前を呼んで握手をすると、ギューッと握り返してきたり、「○○先生の方がよかったわ」と言いながら、「先生、オレ腕相撲めっちゃ強いねんで」と言ってきたりします。「よっしゃ、一ぺんやろか」と本気で腕相撲すると、やっぱり子ども。いい笑顔や！「今度クラスみんなで腕相撲大会やろか」と言うと「ヨッシャー」と帰って行く後ろ姿は「明日も学校来るで」と言っているのです。

どの子も先生ぼくの方向いてね、見捨てないでね、優しくしてねとせつないほどアピールしている今なのです。

教師をためしている三日間

「最初の三日間が大事なんですよ。子どもに甘い顔見せたら一年間収拾がつかなくなり崩壊してしまいます。びしっと毅然と子どもに向かって自信持ってやってください」と管理職や学年主任から言われたりします。しかも、今は、評価され給料で格差をつけられるのですから、一層緊張ですよね。

毎回生活指導部会で名前があがり、暴力、暴言で学級をかき回す勇太を担任することになった新学期、気が重く不安な幕明けでした。やっぱりなあ……、初めての国語の時間でした。扉の詩を読み始めました。

「てつぼう　まどみちお　くるりんと　あしかけあがりをしたら」ここまで読んだ時でした。授業の最初から、後ろを向いたり横の人としゃべったりガサガサしていた勇太が「うわぁ！　くるりんやて」と巻き舌で扇動するのです。何人かが同調して、「くるりん」と言うのには、びっくりです。びしっと毅然とですよ！

教科書を机にたたきつけて、恐い目線でにらみつけながら、「今調子に乗って『くるりん』って言うたもん立て、こら！　勇太お前もや立たんか、授業妨害をする奴は、教室から出ていけ！　みんなの迷惑や、三年になったんだから、一年や二年みたいに甘くはないんだ、ふざけるな！」とやったらどうでしょうか。勇太はきっと「オー出ていったらァ」と何人かを引き連れて教室を飛び出たかもしれません。そして次の日からも授業妨害をし続けていくでしょうね。

さて、その時、私はどうしたのか。「くるりんやて、オイみんな言え」というときの勇太の表情が心にとまったのです。オレ鉄棒うまいんやで、なあみんなも知ってるやろとアピールしているように思えたのです。と言ってもとっさのことですから、あれこれ考えてのことではありません。むしろ、学期始めから、しかもあの勇太を叱るのが少々こわかったのかもしれません。

「おっ、今の『くるりん』って言う言い方、実感こもってるなあ」と言葉をかけると、「実感って何や」と言うから「なかなか鉄棒がうまいって聞こえたわ」すると友達が、「先生なんで知ってるん。勇太鉄棒めっちゃ上手いで」「やっぱりなあ、そんな感じしたわ」と言うと、すぐ教室を出て行こうとするのです。鉄棒を見せたると言って。「この詩の勉強、あんたの好きな鉄棒の勉強やで。それ済んでチャイムなったら一緒に行こか」と説得しました。その後、満面の笑みで、得意の鉄棒を披露してくれたことは言うまでもありません。

数日後、三年生になっての思いを小さな紙に書いてもらおうと配りかけたら、「ない、書くことない」とまたあの調子です。今度は私も少し落ち着いていました。「あるで！　あるやないの、先生、勇太のこともっと知りたいわ。なんであんなに鉄棒上手になったんや。あれ何という技なんや、教えてよ」と言うと、「ええん、ええん？」（それでいいのですかという意味）と言うから、「それでええんや。書いてほしいわあ」と頼むと、「ほんなら書いたるわ」と鉛筆をぐいぐい押しつけて一気に文を書いたのでした。

「ぼくは、てつぼうで『いのちがけ』っていうわざができます」から始まって技の名前が次々と出てきて、「スポーツで、てつぼうやったらできます。いろいろいってください」と自分の出番を先生作ってくださいねとアピールしているのです。そして、友達のまさしくんは「頭がいいし、せもでかいし、シャレもうまいし……」と書きながら、先生、ぼくもまさしくんみたいに頭よくてなって賢くなりたいよ、背も大きくなりたいし、シャレも言って楽しいクラスにしたいなあと自分の願いを一生懸命綴ったのです。私は、この文を先生一人が読むだけでなく、クラスのみんなに読んでやりながら、勇太の心の声を届けたのです。

これが勇太を知る私の始まりでした。いえみんなで知り合う旅なのです。勇太の暮らし、育ってきた成長のプロセス、今心寄せていること、何を喜び、悲しみ、イラつきもがき、今を生きているのかを知る旅なのです。

出会った子どもたちは、先生をためしています。こんなこと言ったら、したら先生はどんな反応をし、どんな対応をするのかを見て、教師という人間をこわいほど見抜くのです。

先生は、子どもたちにどんなまなざしを向け、どんな言葉をかけるのか――そこに教師の子ども観が出るように思います。

私の失敗だらけの新任時代

私が初めて教壇に立った頃も、若い人の採用が多く、なんと五人もの新卒が一つの学校に入りました。初めての参観日のときでした。いっしょに赴任した一人の仲間と、その日の朝出会ってびっくり！だって「オバサン」になっていたのです。「どうしたのよ」と聞くと、「若いと思われたらバカにされるでしょ。だから」と言うのです。それにひきかえ私は、「大学出たてのピチピチでーす。よろしくね」という調子。

参観授業のときも、故郷の阿波弁は出るわ、大学での広島弁は出るわ「そんなことしたらイケンイケン」と言えば、後ろのお母さんたちから笑いが……もうこうなったら懇談会でも丸裸や。「生まれは徳島、阿波踊り見たことありますか、またいっぺん阿波へきてください。それから一人で広島の大学へ行きましてね。母には反対されましたよ。でも見送りにきてくれたとき、バスの後を振り返ったら、父が、いつまでもにこにこ手をふってくれていましてね。あ～いっぱい迷惑かけてきたなあ、こんな娘に言いたいことがあれこれあったろうに何も言わず、笑顔で送ってくれるなんて……心配かけないようにしなきゃと思ったのに……こうして始まった大学生活でした」なんて身の上話の口上をやってしまって、トホホ。

ところがです。翌日何人ものお母さん方から

「先生私も生まれたのは、徳島の阿南市なんですよ。きのうの先生の話で、なんかなつかしくて、父や母のことも思い出しました」とか「健太が、先生が毎日遊んでくれるから、学校楽しいわあ、今度の先生好きやというので喜んでいます。若いってうらやましいですね。応援してますから、がんばってくださいね」

と連絡帳でおたよりをくれたのです。なんとありがたいこと、嬉しくなってはりきったのですが……クラスがあんまりうるさくて、隣のこわーい先生に叱られたのです。ドキドキしながら、その先生に尋ねました。

「どうしたら西山先生とこみたいに静かになるんですか」

「あんたが、すぐ子どもの前で笑うからあかんのや、もっときりっとしとかなあかん」

えーっ！　笑ったらあかん？　そしたら私、この仕事つとまらんわ。なんやそうか、笑ってやかましくなるんやったらたいしたことないわ。教室がうるさいときは、隣に聞こえんように窓を閉めるこっちゃなといなおったものでした。しかし、いつまでも騒がしくて悩みましたが……。

それから間もなく、「先生のクラス徴収金が入ってないけど、どうなってるんですか」と係の人に言われたのです。えーっお金集めるの？　教師が……そんな仕事？　私の頭の中にインプットされていませんでした。そして主任が保護者に詫び状を書いてくださったのでした。

失敗は、まだまだ続きます。なんと明日にせまっていた参観日の案内状を配布するのをすっかり忘れていて、大あわて、仕方あるめェ、一軒ずつ電話するかと延々と電話をかけ続けました。そうしたらなんとお母さん、「誰でもそんなことありますよ。わざわざありがとう。明日行きますからね。ご安心を」と、なんとも優しいのです。

そして、当日どっさり来てくださって、懇談会も大勢残ってくださって、大笑いから始まって盛りあがりました。

次々と出されてくる事務的な仕事もうんざりでした。教師って子どもとかかわることが仕事だと思っていたのに、事務の書類がいっぱい。話ちがうやないか！（今は、私の頃と比べものにならないくらい多いです

よね）

ついついほったらかして子どもと遊んでいて注意されたこともありました。（最近は子どもと遊ぶよりパソコンの前にいつも座って、事務処理ばかり熱心にしている先生も増え、これも考えさせられています）

ある時なんか出勤簿に一週間も印が押されていないと注意され、あわてて押したら、なんと仕事でお借りしていた校長先生のみとめ印をポンポンポンと三つも自分の出勤簿に押してしまいました。

キャー！　小さくなって、「すみません」とあやまったら「ハンコの裏に朱肉つけて、キュッキュッってうえから押しときなはれ」と大らかな校長先生で、は〜よかった、よかった！

とまあてんやわんやの新任時代でしたが、なんだか楽しかったです。子どもたちには不十分だらけで申しわけなかったのですが、「学校楽しいよ、先生大好き」と言ってくれるのですから、なんともありがたいことでした。

ほんとうに子どもたちとよく遊びました。子どもたちのこともっともっと知りたい、心がつながって仲良くなりたいと日記や作文を書いてもらい、よく読みました。本の読み聞かせもよくして、毎日帰りの会では、歌を歌って帰りました。それでも授業がうまくいかない、授業中さわがしいと毎日悩んでいました。だからいつも勉強したいと思っていました。

子どもが見えない、なぜ？

ある学校の校内研修会で三年目の男性教師のクラスをお借りして、授業をさせていただいたことがありました。

授業が終った後の討議会で、その担任の先生が言うのです。

「ぼくは、教師になって三年目です。一年目は、むちゃくちゃでしたが、なんか子どもらがかわいかったんです。でも今は、きちんと静かにさせなあかん、さっさと行動できる子にと毎日ガミガミ言うてきました。今日自分のクラスの子らを後ろから見ていて、ほんまにかわいかったんです。こんな気持ち忘れていました」と涙を溜めて語ってくださったのです。

子どもがかわいいと思えたら、この仕事やっていけるとずっと思ってきました。ところが今日子どもがかわいいとなかなか思えないのです。どうしてでしょうか。

一つは、「きちんとまっすぐ静かにビシビシと」こんな管理的な流れが強くなり、こうすべきこうあるべきということから子どもを見ると、不十分、不足ばかりが目について、かわいさなんてとんでしまいます。

しかも日常的に忙殺されそうな多忙さの中で、教師自身が振り回されていると、子どものかわいさも心の声も聞こえてはきません。

さらには、今日の子どもたちは、自分の生きづらさや負の感情を出しても、周りの大人たちがなかなか共感し、理解して受け止めもらえないと感じていて、自分を演じてしまうのです。ふつうを演じたり、よい子を演じたりして、心の声にふたをしめて、感情を殺しているのです。

「塾やめたい」と言うと「あんたが行くって言い出したんやろ」泣くと、「泣くな！　メソメソして、泣き止むまで聞けへん」と言われるし、「痛い」と言っても「それぐらいのことで大げさに言うな」と返されて、もう言えなくなっているのです。しかも、自分の失敗や未熟さを出すと見捨てられるのではという不安感にとらわれて、親や先生の前で、必死に「よい子」を演じる子も増えているのです。

だからこそ今日、子どもの声を聴く、心の叫びに耳を傾けて、そこに寄り添い共感する教師の教育的感性、子ども観がことのほか求められているのです。これぬきに学級経営は成り立たないと言っても過言ではありません。

ベテランも悪戦苦闘

あるベテランの先生の話です。

授業準備をしっかりし、子どもの授業の規律もびしっとさせ、それは熱心にご指導なさるのですが、やればやるほど子どもたちが反抗的で、学級経営も授業もうまくいかないのだと言います。そのうち四〜五人の男子が、何かあると「キショイ、おもろない」と授業中も教室を出て行くようになったのです。

「こんな子ども初めてや」と焦れば焦るほど叱り声も大きくなり、一層子どもと心が離れていくのです。「親の介護もあるし、我が子の悩みもあるし、もう教師やめたいわ……」ともらすようになりました。子どもたちが教室を出ていく、何があるのでしょうか。子どものすることには、意味があると思っています。しかし、それが見えにくくなった今日です。ベテランであっても、いやベテランだからこそ見えにくいこともあるようです。今までの経験で子どもを見ることもあるでしょう。子どもはこうあるべきだと思っているのに、目の前の子どもを見るとあ〜と、不平不満ばかりをいうこともあります。ベテランだからきちんと躾なくちゃと細かいことまで逐一注意を続けることもあるでしょう。「イチイチウッサインジャ」「オマエナンカ

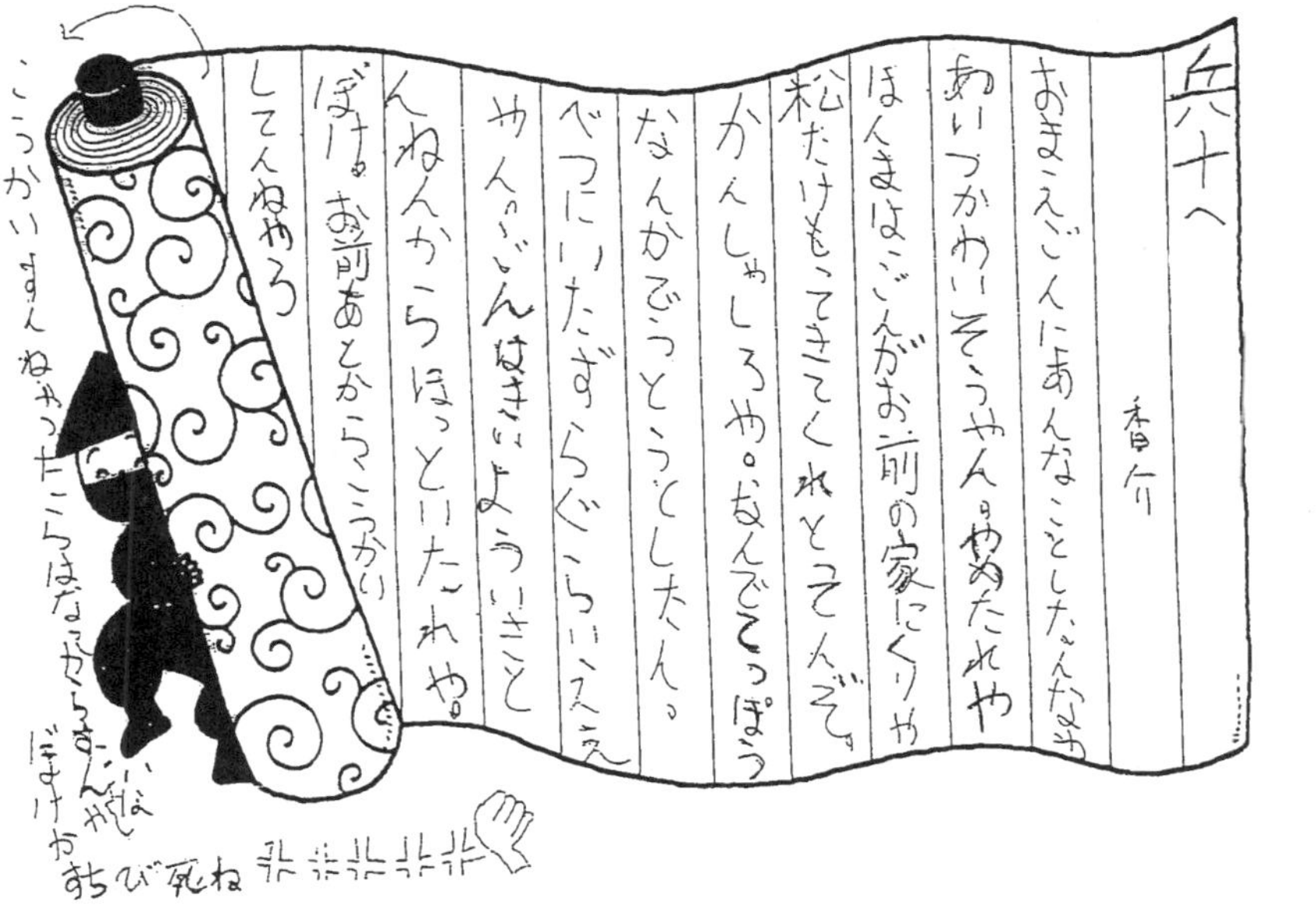

キエロ。ウットウシイ！」の連発です。

今の子どもがわからない。かわいくない、どうしたら子どもが見えてくるのかと、落ち込み、悩み、揺れながら、このベテラン先生、子ども観を問い直していくのです。

三学期になって、国語で「ごんぎつね」の授業に取り組みました。少しは落ち着いてきたものの、まだ気に入らぬことがあると大騒ぎをする香介くんが、こんな感想を書きました。

「ぼけ　かす　ちび　死ね」と書いたこの感想文を、このベテラン先生、私に「香介がかわいい感想一生けん命書いてくれてん。見て」と持って来られたのです。

以前の先生なら『ぼけかす……』何書いてるんですか、消しなさい」と厳しく「指導」されたでしょうに、「かわいいやろ」と言うのです。

うんうんなるほど「ごんはきいよういきとんねん

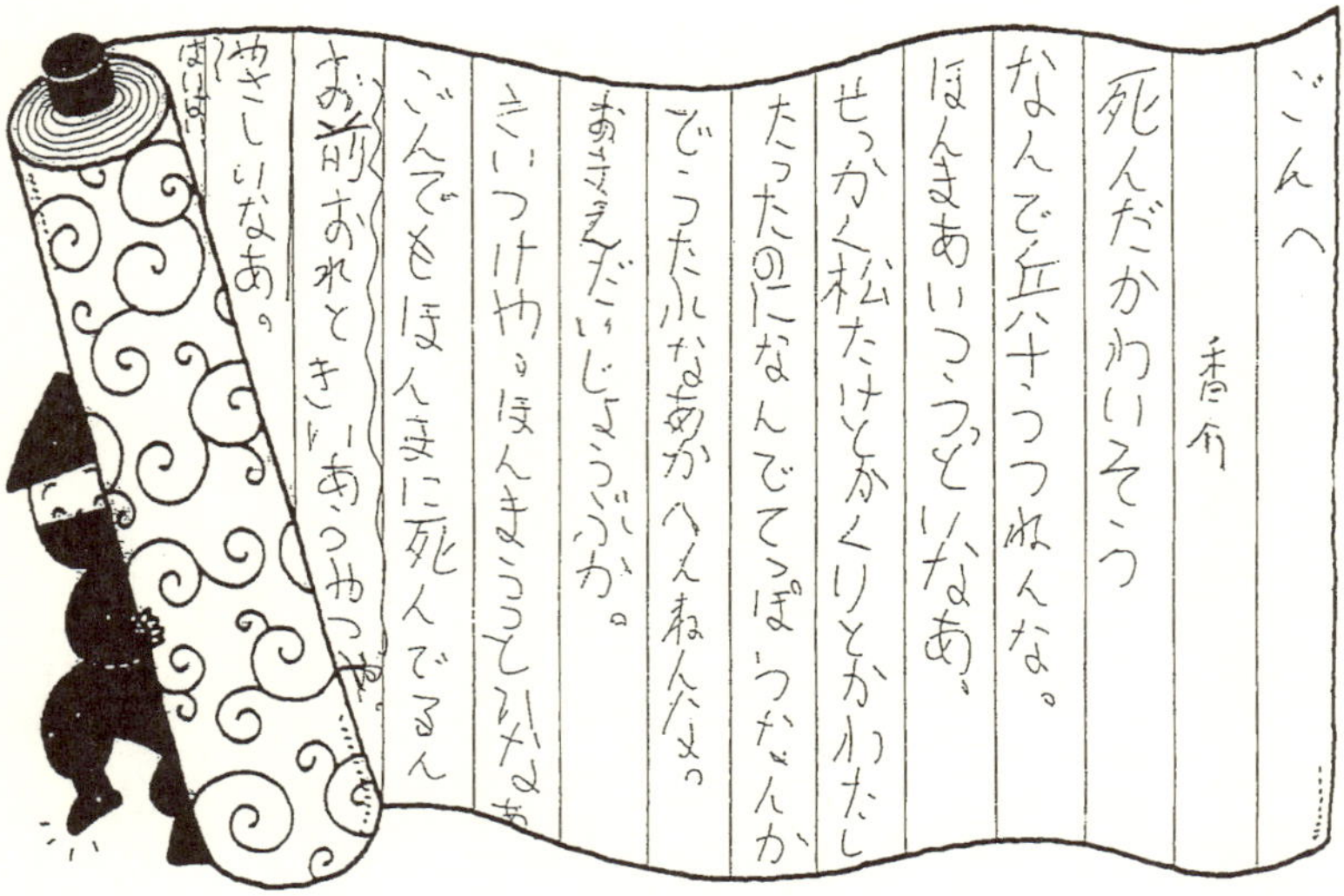

からほっといたれや」とは、香介自身のことだなあと思うとおかしくなりました。ほんと香介かわいいですよね。

そして、「ごん、おまえ、おれときいあうやつや」と。淋しがりで、いたずら好きでやんちゃなごんとオレ、うんうんよう似てるなあ、この勉強おもろそうやなあ、それに先生、オレの感想文なかなかええと言うてくれたし。「ボケカス」って書いても怒らへんのんか。なんか居ごこちようなってきたなあ、よっしゃ「ごんぎつね」の勉強がんばるか……と思ったにちがいありません。その通り、香介は、この学習に熱中し、とび出すことも大騒ぎすることもありませんでした。

この一年ベテラン先生も子ども観の問い直し、学び直しをされたのでした。

話を聴いてほしい

毎日宿題をしてこないという豪傑が、クラスに二人もいました。

ところが五月から始めた日記は、時々書いてくるのです。聞いてもらいたい話があるのでしょう。

五月のある日の日記です。


　前の日曜日、夜の10時ぐらいになったら赤ちゃんが（八ヶ月の弟）泣いてこまった。それで、ミルクの作り方がわからんかったから、だっこをして、一時間かかってやっとねた。けど、つかれてふとんに入ったら、また泣きそうになって、トントンしてやった。しんどかったです。


借金を返すために夜遅くまで働く両親を待ちながら、三年生の子が八ヶ月の弟のめんどうをみている暮らしが、ここにあります。

この子が日記に書いてくれなければ知らないことでした。こんな暮らしをランドセルに背おって、今日も学校に来ているのです。

教師である私に何ほどのことができるでしょうか。できることの限界に歯ぎしりする思いで悩んできたことも数多くありました。

しかし、子どもがこの暮らしを先生に知ってほしい、受け止めてほしいと書き綴ってきたのです。私は、それを読んで「そうか、まあちゃん、大変やったなあ、でもがんばってるなあ、ええ兄ちゃんしてるで」と受け止め、励ますしかできないでしょう。でも私は、教師の無力を思いつつも、そうかそうか、と聴いてやる、そのことに今、大きな意味があるんだと思うようになりました。自分の話を、本気になって聴いてくれる先生や友だちがあると思えることが、どんなにかその子に安心と元気、生きる意欲をはずませることになるかを実感しています。

長野県のある中学校に講演に出かけました。中学生と親とが一緒に話を聞いてくださるという講演で、こういう形の講演は、初めての経験でした。身体を乗り出して、懸命に話を聞いてくれる中学生が、とてもまぶしかったです。数日後、私の方へたくさんの感想が届けられました。その中の一通です。「大阪からわざわざ私たちのために来てくださってありがとうございました。先生の話だと言うので、あんまり面白くないかなと思っていましたが（ごめんなさい）とっても面白くて誰も寝ませんでした。

私は、話を聞いて、子どものことをわかってくれる大人がいたってわかっただけで、とてもラクになりました。

私の家族は……」と続く長い手紙でした。

一対一で話をしたのでもなく、壇上から話をしただけなのに、「とてもラクになりました」と言ってくれる中学三年生がいるのです。そして、胸にためている家族の話を聴いてほしいと私などに綿々と書き綴ってきたのです。

私も長い手紙を書いてお返事を送りました。そうしたら今度は、お母様からこれまた長い手紙でした。親もまた聞いてもらいたい話をいっぱい持っていたのでした。

聞いてもらいたいのは、学生たちも同じでした。

講師をしている大学で、受講生の男子学生が「先生に聴いてほしい話がある」と言ってきたのです。昼食でも一緒にとりながら話そうか、と声をかけました。恥ずかしそうに、ためらいながら、とつとつと胸の中から言葉を吐き出すように語り始めました。

いじめを受けて苦しんできたのです。いえ、辛かったのに加害者にもなってきた、と言います。そんな自分が許せなくて「ぼくなんかに、先生になる資格はあるでしょうか……」と。誠実な学生でした。

数日後、便りが届きました。

「今日は、いろいろと話を聴いてくださり、本当にありがとうございました。いじめの話、今まで誰にも話したこともなかったですし、話すことができずにいました。というのも、いろいろされてきたことが本当に嫌だったことと、自分が今度は加害者になって、みんなと一緒になっていじめてしまったことに対するうしろめたさ、恥ずかしさから言い出せなかったのです。しかし、言い出せないが故に、とても辛くもありました。

誰かに言いたかった、誰かに相談したかったです。

ずっとそのことで悩み続けていたとき、先生と出会いました。先生の講義を聞いていると、子どもたちと向き合い、悩み、葛藤しながらやってこられたということが、ひしひしと伝わってきて、自分が素直になれました。

そして、今日時間をとって話を聞いていただけて、とても楽になりました。話を聴いてもらえるだけで、気持ちが楽になると言いますが、本当に楽になりました。

先生がかけてくださった言葉の一つひとつがとても優しく心に残っています。先生が言われた通り、ぼくは一種のストレスの発散対象だったのかもしれません。

小学校の頃、無視や悪口ですんでいたのが、中学校になってもっとひどくなりました。物を隠され、水をかけられ、制服のセーターが黒板消しではたかれ汚されたりもしました、真っ白になるまで……。その時は言葉を失いました。親がこれを見たら何て思うやろ……と思うと、なんとも言えない気持ちになったのを昨日のことのように覚えています。……(中略)……この三年間ほど辛いものはなかったと思います。学校へ行く足が重く、学校へ行くのが本当に辛かったです。保健室へ仮病をつかって逃げこみましたが、親にバレて叱られ、ぼくの逃げ場はなくなってしまいました。

なのに、いじめの対象がぼくじゃなくなった時、ぼくもいじめに混ざってしまったことを今すごく後悔していて、こんなぼくは教師になる資格があるのか、いえ、なったとしても何と子どもたちに言えばいいのか……とずっと悩んできました。

しかし、今日、先生に『そういうことを悩んできたことが誠実だ、その経験はきっと役に立ち、あなたを先生にしてくれる』と言ってもらえて胸のつかえが取れました。

ぼくは、すばらしい教師にはなれないかもしれません。しかし、先生のように生徒と向き合い、生徒をしっかりみて、一緒に悩んであげられる教師になりたいです。

今日話を聴いていただき、ぼくはこのままでいいんだと思えましたし、自分をもっと大切にしたいと思いました。本当に助けていただきました……」

本当に誠実に生きている青年です。昼食を食べながら話を聴き、少しばかり声をかけただけなのに「助けてもらえた」「自分を大切にしたい」と言ってくれるのです。

しかし今、子どもたちも青年たちも、「心から話を聴いて」ということを切実に願っているのだと改めて実感したことでした。

長い教師生活の中で、子どもの話をどれだけ聴いてきたでしょうか。指導の名のもとに。教師ばかりが話し続ける日々。不充分な自分の仕事をふり返ると申し訳なかったと思います。しかし、話を聴くって本当に忍耐がいることで、まだまだ修業がいるなあと思っています。

あなたも今日一日、子どもたちと生活してきて、子どもの話を聴く心のゆとりと時間がどれくらいあったでしょうか。

そうそううまくはいかなくても、この一年、子どもの話を、ふんふん……と目を見て聴く努力をしてみようと思い、心がけているだけで、あなたの仕事ぶりは、質的に変化をしていくでしょうね。子どものけなげな暮らしぶりが見え、心の声が聞こえてくると、なんとも子どもたちが愛おしく思えてきて、この仕事やっていけると元気が出てきます。

（ただし、聴くは、受け止めて共感して聴くことで、何でも聞き入れるとは違います）

2 出会いの日をどうつくるか

出会うまでに準備したいこと

新学期が始まると、まずは事務的な仕事を、人よりも手際よくやり上げていくのが有能な教師であるような空気もあります。子どもの名簿を機械的に打ち込み、まだ出会ってもいないのに、掃除当番や係まで決めている方もいます。とにかく早く早くと。人間相手の仕事です。相手を知らずして、ことは進められませんよ。何が大事なのでしょうか。

① 新転任のひとは、まず校区を自転車で走って地域のこと、子どもたちの暮らしの様子を知る

子どもたちの生活舞台を知らずして、子どもは見えてきません。

「先生、あそこの公園には、猫の赤ちゃんが二ひきいるんやで。オレらの秘密基地でこうてるねん」と言われても、あそこの公園のイメージが浮かんでこないでは話になりません。なになに秘密基地？　確かあの近くに空家があって、近いうちにとり壊すと聞いていたけど、あそこに入ってるのでは……とわかる教師でありたいですね。また、この地域には、まだ畑が残っているのか、鉄工関係の工場がいくつもあるんだな……、と親の暮らし、地域の生活を知る努力をしたいです。

② 管理作業員さん、給食調理員さんに話を聞かせていただく

先輩からは、まず「管理作業員さんや給食調理員さんのところへ挨拶に行きなさい。それから校長室へ」と教えてもらいました。

管理作業員さんと話をしていると、「先生、この学校でね、もう八年も前ですけど、あそこの国道の交差点のところで、交通事故がありましてね、えらいことでしたよ。子どもらによう言うてやってくださいよ」「うちのPTAの会長は、まめな人でね、ゲームセンターとかまわって、子どものことで気になることがあったら、いろいろ教えてくれる人ですわ。虐待とかもみつけてね……」

と、地域のこと、そこにある歴史、学校の変遷、子どもの生活のことなど貴重な話をしてくださるので、仲良くなるために、まずはご挨拶に行きたいですね。

③ 一緒の学年になる先生方とのいい関係づくりを始めよう

この人間関係がギスギスすると一年間辛い思いをします。自分をよく見せようと力まないことです。「教えてください」という謙虚な気持ちで、笑顔で接したいですね。聞くのは、迷惑になるのではと遠慮する若者が多いですが、反対に若い方が「教えてください」と言うと、先輩の先生方は、頼られてるんだからよしがんばろうと、先輩育てにもなり、職場の活性化につながるので、聞きまくってください。と言って、「いっ

たい何をどう聞くかもわかりませんよ」と言われたりもしますが……

中には、「あれをしてはいけない、これも……学年でそろえてやるので、勝手なことはしないで」とコワイ顔をして言う主任もいて、さっそく気が重くなるということもあるでしょう。どこの世界にもいろんな人間がいるし、とりわけ教育という世界も価値観が多様で、やりにくいこともままありますが。いつも何なら一緒にやれるか、どこまで妥協して折り合いをつけるかを考えていきたいです。一例ですが、学級通信を足並みをそろえるので「出さないで」と言われたことがありました。ならば、通信に作文をのせて「これは国語の資料に使いますから」と引き下がらず出し続けました。とにかく悩んだら一人で抱えこまないで、相談をもちかけることです。学校という職場は、共同で仕事をするところなので、人間づき合いの仕方もまた学んで成長していきたいです。

④　子どもの名前を呼ぶ練習をしよう

さて、学年・組が決まったら子どもの名簿が渡されます。今の子どもたちは、名前の字が読めない子がたくさんいますから、決してまちがわぬよう、しっかりルビをうって、何度も練習したいです。世界でたった一つの名前、父さんや母さんの願いが込められた名前ですから、大切によんであげたいです。(名前のいわれを自己紹介カードに書いてもらって発表してもらうのもいいでしょうね)

そして、一日も早く全員の名前を覚えてあげる、これが最も大事な仕事です。私は二日間で覚えていました。結構特技かな、なんて思っていましたが、これは大切です。今は、さっぱりですが……

⑤ 出会いの日の「物」の用意

また「学級びらき」の項で詳しく書きますが、子どもたちとの出会いの日に使う、一冊の絵本や紙しばい、手品の道具、人形や動物のぬいぐるみ、得意のギターやけん玉等々を用意して、上手く使えるように練習しておきたいです。（自分にぴったりで、得意なことをしましょう）

楽しい出会いになります。

⑥ 子どものことをメモするノート

子どものことをていねいに知ってメモする一冊のノートを用意します。一ページに一人の名前を書いておいて、子どものことで知ったことを追々メモしていくのです。

山口陽一（握手したら手に汗いっぱい、緊張、母弁当屋勤務、姉がいる、太っていて気にしている。父病気で入院中。隣のクラスの健太くんと仲良し。鉛筆の持ち方×。くっつきの「を」をまちがう、かけ算の九九不完全。花を摘んできてビンに入れてくれる。いい感性や。女の子に強く言われると泣く。祖母、鹿児島の人らしい。花の絵の形がとりにくい。認識幼く手先の発達も気になる。手つなぎおにごっこよくこける。詩の暗誦できていい笑顔、大丈夫や……）

⑦ 教科書にさっと目を通しておく

新しい教科書をもらったら、さっと目を通しておきたいです。いったいどんな学習をどんな順序ですすめていくのか、を知っておくことが大切です。三学期に昔の道具が出てくるということを知っていたら、ふるさとに帰った時、手に入れて持って帰ったり、旅先で手に入れたりもします。日本の祭りのことを学習することを知っていたら、祭りの写真を集めたり本を買っておいたりもします。

デパートのショーウィンドーの飾りつけが六月の図工の作品作りのヒントになりそうだと思えば、メモしたり写真をとっておいたりします。

「わらぐつの中の神様」の文学教材をやるから、長野県へ旅をした時、わらぐつや雪げたをもとめておいたりもしました。二学期に世界のことをやるのだったら、一学期から地球儀や地図を置いておいて関心を向けるということもします。

ともかく、いきあたりばったりでは、見通しが持てず、焦ったりイライラしたり、結局子どもにあたってしまうので、こころしたいです。

⑧ 出会いの日の第一号通信

できれば、出会いの日に、第一号の通信を届けられたら素敵ですね。これは、子どもたちや保護者へのラブレターです。そして、三者をつなぐ大切なかけ橋です。

私は自分の教育活動の中で、言葉のすばらしさ、言葉の力を育てることをことのほか大事にしています。言葉は、人間を人間にし、学力を育てるネックになるからです。

出会いの日も、さっそく言葉の楽しさに出会う場にします。子どもたちが喜びそうな詩を載せて声をそろえて読むのです。「まっさらな三年生の声で読んでごらん」というだけで、それはそれははりきって読んでくれます。出会いの日に、子どもたちの美しい声が教室に響くと涙が出るほど感動します。そして、その詩を今日から家でも読んでもらい、一週間くらいかけて、全員暗誦させるのです。国語の新しいノートの一ページにも、ていねいに視写させます。

　そして、子どもたちや保護者に通信でよびかけます。（下記のような第一号通信で）

　翌日さっそく連絡帳に、

「先生よろしくお願いします。私も徳島出身なので、とても身近に感じて嬉しいです」とか、私が「夫一人、頭はげてるけど優しい」なんて書いたものですから、「先生、大丈夫、うちの夫の方がもっとピカピカですから、ご安心を。また訪問の時に会ってください」

「先生も本がお好きなようで、私も同じです。どんな作家がお好きですか、そんな話

3年1組　学級だより　NO.1
4.10　土佐学級

3年生おめでとう
子どもがぐんと伸びるとき

しんぴんのあさ
かたつむり　でんきち

まい日　おんなじみたいだけど
まい日　いろんなことが　おきる
こりゃ　おどろいた
おや　びっくり
へへ　なるほどな
ふうん　そうか
まい日しんぴんの
朝がきて
ぼくの目
まい日びっくり目
つんつん　のばして
びっくり目

保護者のみなさんへ

はじめまして。といっても加小でもう9年目になります。もっと若い人がよかったといわれても　これも縁。あきらめて　なかよくしてください。

クラスが二つになり　なんと40人学級です。二人の先生でしていたことを一人でするのです。大へんです。助けてくださいよ。

私も人の親。みなさんの子育てのご苦労はよくわかるつもりです。どうぞ一人で悩まないで　ほんとに相談してくださいね。力になりますよ。

三年生。大切な子どものふし目にある学年です。学力がのびるか　自立をしていけるのか　その土台がつくられていく学年です。子どもをまんなかに　手をつなぎ合ってやっていきましょうね。

一組へようこそ　みなさんへ

いよいよ三年生だね。どんな先生になるかな　友だちだれと　いっしょかなと　ワクワク　ドキドキしてたでしょう。クラスも二つになって　なんと40人の友だちといっしょだよ。

なかよく　いっぱい遊ぼうね。いっしょにかしこくなっていこうね。

がんばりすぎなくていいんだよ。学校はまちがうところだから　失敗もやんちゃもしながら　大きくなっていこうね。

こまったら　いつでも力になるからね。

先生、まほうつかいなんだもん。
（合ことば見せてあげる）

おねがい

この学級だよりの名前を　おうちのみなさんのちえもかりて　つけてやってください。

ただ今募集中！

このおたよりは　毎日出ます。すすんでよんでくださると　うれしいな。

連絡

あしたから　さっそく給食はじまります。
マスク（白帽）ナフキン　忘れずに
12日　身体検査なので上着を忘れないで

こんな先生です
よろしくね

・徳島うまれ（阿波おどり　とくい）
・夫1人　息子3人
（ただ今　夫と2人　新婚中　ホンマ！）
頭ハゲてるけど……
・弱点（方向オンチ、お金をさわるとまちがう）
子どものころは　はずかしがりで「無口」
今は「六口」
・好きなことは　いっぱい
片づけ、旅、温泉、本をよむ（みんなにもいろんな本　読んであげるよ）手品。
筆で　絵や字をかく。花を育て　生ける。
ウォーキング。美術館へブラブラ。
野球やサッカーを観る。　やきもの。
息子が　シンガーソングライターなので　マネージャー（？）
とまあ　やりたがり、みたがりや。元気でありま～す。
～よろしゅう　たのんます～

もできるのが楽しみです。ちなみに我が子は、あまり本好きではないので、この一年で好きになってほしいです」

と、こんな調子で、一日にして、親たちと仲良くなる糸口ができるのです。

さらにもう一つ、通信の名前を募集するのです。「おうちのみなさんの知恵もかりて、子どもと一緒に考えてくださいね」と呼びかけておくと、翌日からいろいろな名前が集まります。通信とは、先生の一方的な連絡ではなく、子どもも親も参加して一緒に作っていくものだということを最初からしかけていくのです。

出会いの日（学級びらき）の演出あれこれ

子どもたちにとっては、始業式、どんな先生になるのか、どんな友達と同じクラスになるのか、ワクワクドキドキ最大の関心事です。とりわけ新しい先生は、どんな先生だろうかとしっかり観察しています。この先生になってよかったと喜び、安心して帰ってもらえたら嬉しいですよね。

そこで、学級びらきをひと工夫したいもの。しかし、クラス替えがあったり、机の移動をしたりで、一日バタバタという場合もあるので、そんな時は、二日目に学級びらきをします。中には、仕事が早いのがいいと、出会う前から係や掃除当番を先生が決めて、そういう活動を優先して、学級びらきなどなんのそのという先生も見かけます。機械を動かすのではありません。人間相手のいとなみで、今日から子どもたちとドラマを創っていくのですから、〝感動〟を紡ぎ出していきたいものです。

さて、学級びらきです。

まずは先生の自己紹介、私は、よく手品をして、わっと驚かせて、「マジョリン」の登場です。子どもたちの目がぱっと輝いたところで自己紹介をし、子ども時代のエピソードや失敗談を語ってやったりもします。次に、一人ひとり子どもたちの名前を呼んでやり、しっかり握手します。「元気なお返事ができると幸せになるんだよ」なんて言いながら。ぎゅっと握り返してくる子、恥ずかしそうに下を向く子、手に汗いっぱいの子、遠慮して手に力の入らない子といろいろです。

子どもを知る旅が始まっていますよ。

山本くんは、目を合わさないで、香ちゃんは、手に汗びっしょり、緊張の強い子だな。翔くんは、ぐっと手を握り返してきて、なかなか積極的な子だなと、感じたことを早速メモしておきます。

中には、「ハイ」という返事のできない子がいます。二回くらい呼びますが、しつこくやらないことです。「あっ先生の子どもの頃と一緒やなあ。先生も恥ずかしがりで、なかなかハイって言えなかったのです。大丈夫だよ。きっと言えるようになるからね。応援してるよ、みんなも応援してあげてね」

安心を届けます。できなくても大丈夫、できることを信じて待ってくれる先生、「みんなも応援してね」とみんなの力でよくしあっていこうと言ってくれる先生、この先生は、どんな先生なのかを、子どもたちは、きっちり見抜きます。

この後ちょっとハプニング。(一年〜三年生くらい)

実はね、このクラスには、もう一人お友だちがいるのです。「えっ転校生?」とか言いますが、カバンからおもむろに、人形とかぬいぐるみの動物などマスコットになるものを取り出します。「この子も一組の仲間に入れてやってね」そして、「みんなで名前をつけてあげてくださいね」と頼みます。帰りには、そのマスコットと一人ひとり握手なんかして、にこにこ帰るのですから、可愛いですよ。

次は、通信を出して、詩を読み合います。

春

高田敏子

やわらかな土
あたたかな土
くつ下は　もういらないの

草の芽が
やさしくのびて
ころんでも
いたくはありません

かけっこをしましょうね
なわとびをしましょうね

チューリップの花も
もうすぐ　咲くのよ

ゆうや
（３年生）

第一日目の宿題に、通信第一号の詩の音読をさせます。「覚えられるかな、無理かな」なんて、ちらっと言うと、翌朝、「先生、もう覚えたで、聞いて、聞いて」とよってきます。

二日目の朝も、この詩の音読をみんなでします。ことばを大切にする教室の始まりです。

その後、みんなで名前覚えゲームをしたり手遊びをしたり歌を歌ったり、楽しみます。（朝の会や終わり

の会で歌を歌い、歌のある学級にしたいです）

時間が許せば、紙芝居や絵本の読み聞かせもします。『ごきげんのわるいコックさん』（まついのりこ・童心社）の紙芝居、『ねえ　どれがいい』（ジョン・バーニンガム　評論社）の絵本などは、子どもたちに語りかけ、一緒にお話の世界で遊べるので、大人気の作品です。ちょっと上着をはおって、お話のお姉さんに変身。さあ今からお話を語りますよ。「『ギィーギィードア』（たなかやすこ『おはなしの風をふかそう』より）さあ、どんなお話かな、聞いてね」と覚えたお話を語ってやると、教室は、たちまちお話の世界です。「あ～おもしろかった」と満足。学校楽しかったなあ、明日も来たいなという思いが広がる学級びらきにしたいものです。

出会いの日に読みたい詩

はじめて小鳥がとんだ時　（原田直友）
しんぴんのあさ　（工藤直子）
ぼくはいくんです　（しばのたみぞう）
出発　（井上　靖）
春の日　（高田敏子）
明日　（安積得也）

新しい教科書を手にしたら

こういうことも、事務的にさっと済ませてしまっては、ドラマは生まれません。子どもたちは、新しい教科書を手にして、何を思っているでしょうね。きっと何かつぶやいているのです。その声に耳を澄ませてみてください。

「なあなあ、この本匂うてみ、木の匂いしてるわ」「本って、木で作るって、父ちゃん言うとったで」「うっそー」「そうやで紙は、木から作るんやで」

こんな声が聞こえてきたので、
「なあなあ、みんな、ゆうきくん、この本、木の匂いしてるって言うてるけど、匂ってごらん」
「うわ！　ホンマや」「ちがうで　ウンコの匂いや」「なっ先生、三年生の匂いするわ」（翌日の通信の見出しにさっそく「この本三年生の匂いするわ」とつけ、このできごとを記事にしました）
そして、折り目のつけ方を教え、きれいに名前を書いてくることを指示します。

一日の最後に連絡帳

連絡帳は、持ち物やお話コーナーに、その日のできごとで心動いたことを書くので、おうちの方にも見ていただきます。

「一日の中で一番ていねいな字で書こう。今日から三年生だよという気持ちを込めて、しっかり書こうね」とよびかけます。一人ひとり書き上がったノートを見てやってほめます。「わあ！　いい字やなあ、さすが三年生や、ほら見てごらん、二年生の時のこの字とちがうやろ。変身したなあ、お母さんびっくりするで」

こんなていねいなノートを親が見ると、三～四日したら「先生、驚きました。三年生になったら、書く字が変わってきて、やる気になっているのが手にとるようにわかります。……」

という嬉しい言葉が返ってくるのです。

文字は、ていねいに、どのノートもきちんととらせ、書くことをいとわない子に育ってほしいとの願いからです。

3 これがポイント！　始まってから一～二週間

一年間の学級づくり、授業づくりの方向性を定めていく大切な一～二週間です。押さえどころのポイントをいくつか書いてみます。

子どもを知ることに徹する新学期

あれをしつけよう、これを教えなくちゃ、早く事務仕事を片づけなきゃと、そういうことばかり先行すると、子どもを知ることがおろそかになります。

児童名簿を作成する時だって、パソコンに向いて単なる事務仕事として片づけないで子どもを知るいとなみにしたいのです。

保護者は誰なのか、兄弟はいるのか、何番目なのか、どのあたりの地域に住んでいるのか、とりわけ一年生などは、生まれ月もみて、三月生まれと四月では一年間の違いがあるので、そのことも知った上での配慮も必要なので、心にとめておきます。

子どもを知るって、何を知ることなのでしょうか。

①その子が、今何に心をよせているのか、好きなことや興味関心を持っていることは何なのか知りたい。
②何を喜び、何を悲しみ、何にムカつき、悩み、そして、どんな淋しさを抱えて今を生きているのか知りたい。
③子どもや親の暮らし、生活を知りたい。
④親の子育てで大事にしていること、子育ての悩み、心配ごとを知りたい。
⑤子どもの身体のことを知りたい。
⑥どんなふうに育ってきて（生育史）、育ちの上でどんな課題があるのかつかみたい。

一週間でわかることなどほんの少しですが、ここから子どもを知る私の旅の始まりなのです。

知り合うための自己紹介

①「自己紹介カード」

（Ａ４の用紙に拡大コピーして使ってください）

自分をしょうかいする詩をつくろう

わたし、ピアノしてる。
わたし、もうすぐ9さい。
わたし、5人きょうだい。
わたし、ともだちとあそぶのがすき。
わたし、たんじょう日は4月12日。
わたし、国語がすき。
わたし、ねこがすき。
わたし、かんごふさんになりたい。

ぼく、9さい。
ぼく、4人家族。
ぼく、野きゅうがすき。
ぼく、ゲームがすき。
ぼく、プロ野きゅうのせん手になる。
ぼく、ほっぺた、プヨプヨー。
ぼく、ちょっとせが高い。
ぼく、算数がんばる。

●わたし……、ぼく……と短い詩のように、自分のことをちょっとみんなに知ってもらうカードです。名前を伏せて、これ誰かなとクイズのようにしてあてっこして遊ぶのも楽しいです。

自己しょうかいカード

すきな遊び	すきな食べ物	すきな勉強	すきなテレビ	すきな本
一番楽しいとき	一番ほっとするとき	こんなしっぱいやっちゃった	こまっていること 心ぱいなこと	にが手なこと とくいなこと

たん生日（　　）年（　　）月（　　）日

自分の名前のいわれ（なぜこの名前をつけたかおうちの人にきく）

名前

●このカードには、自分の名前のいわれを聞いてきて紹介してもらいます。親の願いが込められている名前です。世界でたった一つの自分の名前、大事にしあいたいです。また「ほっとするとき」失敗や苦手なことも書くことで本当に自分を出していける教室にという願いもこめています。

自分の名前で自己しょうかい

ひろいそうぞう力をもち
らあめんが　すき
たまにはゲームを買い
きょうも友だちと遊ぶ
たまには
うみに行きたいなあ
すきな人が今もいる
けんかは　よわい

えくぼが　できて
のんびりで
もうちょっと字をていねいに
ともだちとよく遊んで
まあまあマイペース
さくぶんも　大すき
やッホー　四年生だ

●三年生以上だと、自分の名前からこんな遊び風に、自分を紹介するのもおもしろいです。三～四年生は、発達の節目、とりわけこの時期に書き言葉の力を育てることが、自立と学力の礎になるので、こんな取り組みも楽しみながらやってみたいです。

②「おはなしコーナー」

かつて三年生を担任した時のお母さんに「連絡帳を見て、ちょっとサインでもください」とお願いしたら、「子どものメモノートをなぜ親が見て、チェックする必要があるのか」と言うのです。それなら親が見たくなる連絡帳にしようと考え、始めたのが、㋔お話コーナーなのです。㋮（持ってくる物）㋛（宿題）のあとに㋔（お話コーナー）と書いて、その日の学校でのできごとや心動いたことを、そこに書き、親に読んでいただくのです。

「今日、図工で花の絵をかいて、わたしは、パンジー、今までで一番うまくかけて、ルンルン」

「きょう、かかりを決めたけど、ジャンケンでまけて、くやしい！　でも学習係で総合の係になれてよかったよ」

「ひる休み、ゆきとケンカして、先生に聞いてもらったけど、わたしは、まだいやや」

こんなのを読むと、私ももう少していねいに聴いてやらなきゃと放課後、話し合ったりもしたものでした。するとどうでしょう、あのお母さん、子どものお話を読んで、ひとこと、「それは、よかったね。参観日に見せてもらうね」とお返事を書いてくれるのですから、やっぱり親は、捨てたもんじゃありませんよ。

さらにこの「お話コーナー」の話を通信に載せて紹介しあうことで、お互いを知る場にもしていくのです。

③「〇〇年生になって」

子どものことを知りたい、新学期になった胸の内を知りたい、教えて欲しいと書いてもらうのです。原稿用紙などを渡すと、それだけで拒否する子もいるので、四年生でも、B5用紙に十行くらいの線の入ったものので、これなら書けそうと安心できるものを与えたいです。

新学期と言うといきなり、「がんばること」と決意を書かせることがありますが、私は、「不安なことや心配なことも書いていいよ。みんなのことをいっぱい知りたいから、自分の好きなことや大事にしていること、家族のことや生き物のこと、得意なことや苦手なこととかも聞かせてね。こんな失敗したという話もいいなあ……」と呼びかけます。

「私は、ハムスターをかっていて、名前は『さくら』といいます。だけど、家ぞくは、『さくら』というのがめんどいから『ハム』と言っています。

習字がむずかしそうだから、ちょっと心ぱいしています。でも、なかよしのゆりちゃんと同じ組になったので、一番よかったです。

わたしは、前ダンスを習ってたけど、やめました。なんでかって、先生がこわかったんです。

わたしのたから物は、赤色のビー玉です。

家庭ほう問の時、見せてあげるね……」

これもまた、通信に載せて読んだり、載せなくても朝の会で読んで紹介します。

知ることで、つながっていくのです。

いっしょに遊ぶ先生が好き

子ども心に近づく一番の近道は、子どもと遊ぶことでしょう。しかし、現場は、時間の余裕も心の余裕もなく、わかっちゃいるけどなかなかという状況です。しかし、しかしです。やらなきゃならない仕事は山ほどありますが、本当に大切なことは何かを考えていくと、そんなにたくさんはないようです。子どもの心に近づく、子どもを知る、子どもと信頼関係をつくる。このことは、実に大事なこと、ならばそのことには、時間と手間ひまをかけていくのです。

子どもと遊ぶ時間を作る努力をしていきたいです。子どもたち喜びますよ。一番かわいい表情を見せてくれますよ。子ども個々の問題や学級集団の課題などもよく見えてきます。

ただし、遊ぶことをノルマにして、遊ばせて、先生は、監督しているということではありません。一緒に遊ぶのです。一緒に楽しむのです。だから夢中です。退職の年も、四年生相手に必死でSケンをして、本気でぶつかり合っていました。ふ～しんど……六十歳だもん……

「かしこくなった」という実感を

学校が子どもたちに生きる希望を届けるところなら、その一番の値うちは、子どもたちが賢くなることです。とりわけ新学期は、どの子も、自分が変われる、賢くなれるチャンスだとワクワクしている時なのです。

だからこそ、その実感を届けてやりたいのです。一枚目の学級通信に載せた詩を、一週間毎日宿題で音読させます。そして覚えさせます。その音読をおうちの方が聞いてくださって、「上手くなったなあ、さすが三年生や」と。一週間もすると、クラス全員が暗誦できるようになります。集団全体をほめるのです。「みんなが覚えられたって、一組のみんなすてきだね。先生嬉しいな。みんなと一緒の組になれてよかったわ、これからの一年間が楽しみです」

連絡帳やノートの文字が変わりました。実にていねいで美しくなりました。「三年生になるとたいしたもんや」とまたまたほめます。

と言っても、とくに平仮名など、字形のとれてない子もたくさんいるので、たとえ六年生であっても、あいうえおから、学び直します。

五十音を全部やり終わると実に美しくなって、親も「これホンマうちの子が書いたんですか」とびっくりします。

すぐれた文章を視写させるということをしていくのですが、字をていねいに書く、ノートをていねいにとることを嫌がらない子は、学力も伸びていきます。そんなスタートを出会いから始めていきたいのです。

その他、チャイムで始め、チャイムで終わることや掃除の仕方を教え、それが上手になっていくのをほめていきます。線描の基本を教え、春の花をサインペンでしっかり描かせ、色をつけ、色画用紙で台紙をつけて貼って美しい教室を作っていくのですが、その花の絵で「今までで一番いい絵が描けた」という満足を届けることで、これまた私って、三年生になったら賢くなってきたわと実感していくのです。

否定的なレッテルを貼られてきた子のレッテル返上を

一年生ですら、「先生あいつ幼稚園の時、いっつも先生におこられてたわ。きつうくおこらんとあかんで」と忠告してくれる子がいるのです。

学校に来にくい子に、否定的なイメージを持っている子がかなりいます。学校に来にくい子こそ、学校に行きたいと願っているのです。

三年生のかおりも学校に来にくい子の一人でした。この子は、暮らしが厳しく、朝食を用意してくれる親がいない日が多いのです。毎朝起こしに行って、登校を促す新学期のスタートでした。

その子の書いた日記からです。

三年　かおり

きょうのべんきょうが楽しかったです。
あしたのべんきょうが楽しみです。
あしたの学校が楽しみです。
わたしは、学校が気に入っています。

（3年生）

かおりは、勉強が嫌いで、怠けて学校に来たくないんじゃない。みんなと同じように、学校に来て、勉強して、賢くなりたいとこんなに願っているんだと、胸の思いを知り合うところからかおりへの否定的な見方を変えていくのです。だからこそ、その後のクラスの仲間の支えがかおりを学校へ向かわせていくのです。

これだけはという規律を（体罰はしない！）

子どもを型に入れ、管理して上からの規律でしめていくという学級づくりでは、子どもは育ちません。外からどう見られ、評価されているかが気になり、ついついそこに落ち込んでいく空気が強まっている今日だからこそ、こころしたいところです。

それでは規律はいらないのか。いえいえ子どもが育ち、集団が育っていくためには、自主的な規律があってこそ集団が、機能していくのです。自治の力と集団の規律ということでは、八十頁以降で詳しくふれますが、ここでは、新学期スタートした時点で、これだけは押さえておきたいということのみ書きましょう。

①　この先生は、どんな時本気で叱るのか

子どもたちにどんな時、本気で叱るのか、自分の中で持っていたいですね。こわい先生ではなくきびしい先生でありたいです。私は、命を粗末にするような言動、できない子、わからない友だち、障害のある人をバカにするような言動は、本気で叱ります。いじめは許さないと毅然とします。ところが、子どもに暴力をふるって言うことをきかせることが、きびしさだとはき違えている人がいます。熱意のあらわれなどと言う

方もいますが、私は暴力は反対です。自分の指導力のなさを露呈するようなものです。

私は、子どもたちや親の前で、「先生にはみんなは大切な子どもだから、たたいたり蹴ったりして暴力をふるって、こわがらせるようなことはしません。もしそんなことをしたら、きびしく叱ってください」と宣言をして、自分を戒めていました。

親に暴力をふるわれておびえている子のなんと多いことか。優しさに飢えている子どもたちなのです。

② 時間を大切に

小学校は、四十五分授業が多いようですが、ダラダラ始まり、ダラダラ終わるとあっという間に一時間がすんでしまって、充実感はありません。チャイムが鳴れば始まり、終わりもきちんと守る。これは休み時間を保障してやる意味でもあるのです。このメリハリを身体に刻ませていきたい新学期です。ところが、チャイムが鳴ってもなかなか帰って来ない……習慣化するまでは、私も運動場に一緒に出て、チャイムと共に教室に帰って来るということをしなければならない子どもたちもいます。しかし、この習慣を新学期つけておかないと、いつまでもダラダラが続くので、こころしたいです。その代わりに、終わりのチャイムも先生が守ることを示さないと本物にならないですよね。この先生は、時間を大切にしているということを示していきたいです。

③ 次の学習の用意をしてから休み時間に

ところがです。汗かいてダラダラ帰って来て、いつまでもしゃべり続ける。本もノートもなかなか出さない。「あっ本忘れたわ」「漢字ドリル持って来てないわ」とまたダラダラ。これでは、いい授業はできません。私は、新学期は次の時間の用意をさせてから休み時間に入らせるということをきびしくしつけます。忘れ物があれば、その時、借りてきたり、ノート替わりのプリントを用意しておくなどして、準備ができてから遊びに出ます。

初めのうちは、ずっと私が一人一人確かめていったり、グループで点検しあったりして、手を抜かず習慣化するように働きかけていきます。

④　字はていねいに書く

いくらパソコンの時代であっても、人間が手で文字をていねいに刻む文化は、人間を人間にしていくいとなみです。文字を書くのがめんどうだと言う子どもは、学習もなかなか進んでいかないことが多いのです。学力のついていない学級の子どもたちのノートを見ると、それこそぐちゃぐちゃですよね。反対に、自分の意見や考え、学んだことが整理されたていねいなノートがとれる学級の子どもたちは、集中力もあり、理解力も高く、学力がついていきます。

毎日書く連絡帳も、ていねいに書いてもらいます。乱雑に書かれていると書き直させます。国語のノートの一ページ目には、教科書の扉の詩などをていねいに視写してもらって、こちらもていねいにみてあげてほめていきます。

ノートの取り方も見本を作って、指導していきます。

⑤　授業の中では、聞き手意識を

発言するとき、先生に聞いてもらおうと私の方ばかり見て話してくれます。もちろんそれは、大切なことなのですが、だんだん友達に聞いてもらうという意識を育てていきたいのです。なので、時には、前の席にいる子は後ろを向いて発言したり、後ろの席の人が発言する時は、聞き手は、振り返ったりもしてとにかく、発言者の顔を見て話を聞くということを習慣化させていきます。私の場合は、座席をグループにして、身体を向けやすいように座らせたり、コの字型のスタイルで授業をするなどしてきました。集中していない友だちがいると「けんちゃん聞いて」と促す子も出てきます。みんなの意見を求めたい子は、「みんなは、どう思う？」と仲間に呼びかけてもいきます。授業の集団化を進めていくためにも聞き手意識を育てていきたいと思っています。

⑥　働くことは、手を抜かない

掃除や係活動などみんなのために働く仕事は、手を抜かない。働くことをいとわない子になってもらいたいと願っているので、こういう仕事は、やり方を教え、きびしくやらせます。詳しくは、一三三頁から読んでください。まずは、学期始めから掃除の仕方などをていねいに教え、へ～え、この先生は、こういうことには手を抜かないんだなということをわかってもらうのです。「荒れた」教室に行くと、とにかく部屋がぐちゃぐちゃ、掃除や係活動、当番活動など働くことをいやがり、時には、先生一人が掃除をしているという場面さえ見ます。スタートの時点から、働くことを大切にする教師の姿勢を見せていくことが大切です。

4　一日の流れ　朝の会から終わりの会まで　ワンポイントアドバイス

①　通勤時間を使って

電車での一時間通勤。仕事の段どり、教材研究や読書、人間観察をしていることも。とにかく時間を上手に使うことは、教師には必要な能力です。

②　朝の教室で

少し早めに教室へ。窓を開け、授業準備をしながら子どもが来るのを待ちます。

朝一番の子どもの顔、朝一番の子どもの話に心と耳を傾けたいです。親に叱られてきた子、宿題を忘れてきた子、体調の悪い子、聞いてほしい話を持って駆けつけてきた子、朝の出会いは、大事な時です。

③　職員朝会を待つ間の子どもの活動

一週間どんなことをしたいか、子どもたちの意見を聞いてスケジュールを決めます。

月　全校朝会と自分の机の中の片づけ

火　読書
水　ゲーム
木　計算タイムや漢字練習
金　リコーダーの練習（三年生）

飽きないように月に何回か替えています。二年生では九九の練習、カット絵やクロッキーを描くことも。詩の暗唱もします。

④　朝の会

①今日は○月○日○曜日
②お休みの人はいませんか
③身体の調子の悪い人やけがをしている人はいませんか
④朝のお話
⑤先生から

〈休んでいる人を忘れないで〉

日直の人が「お休みの人はいませんか」と尋ね、同じグループの人や、近所の子でおうちの方から連絡を受けていたりするとその子が話をします。

お話し回
れんらくちょう かくよ。
て 二まい
し こくご 一まい さんすう一まい
ほんよみ 二かい ハーモニカ三かい
れ 明日、おはなしかい
明日、お話し会あるよ
せんせい おはなし 何回？
何回…？
ほんよみ二かい・・・ ハーモニカ三かい・・・ おはなしかい
あ、そうゆうことね。
がってん
ポン

誰がどんな理由で休んでいるのかを全員が知っていて、心が届く教室にしたいです。日直はすぐに「休んだ人へのおたより」の紙を取りに行き、帰りの会までに書き上げます。

〈健康観察を〉

また日直さんが「身体の調子の悪い人やけがをしている人は、いませんか」と尋ねます。お互いの健康にも心を配りあって気づかっていける教室でありたいです。

教師も一人一人の平熱や持病のある子どもなどはきちんと把握しておく必要があります。視力がガタッと落ちたり体重の増減がはげしい時なども心の健康と合わせて、子どもをつかんでいくことが大切です。時には、排便の状況をつかんでいくと、一週間もウンチが出ていないという子が、けっこういるのです。家庭と連絡を取り合って、手をうつこともします。腸を刺激するマッサージや金魚体操を教え、排便をうながすこともします。

〈そのあと日直の二人が、「今日のお話」を語ります〉

自分の一番聞いてほしい話を自由に語るのです。

「きのう、野球の試合で負けてくやしいです」

「今日学校来る道で、この黄色の花をみつけてん。さっそく調べたら「ウマノアシガタ」でした。

「朝ごはんがうまかったです」

「歯がぬけて、下の歯やから屋根にほりあげました」

一時間目が始まるので質問は二人くらいに押えます。

〈次に先生の話と一日のスケジュールを〉

先生の話をして（説教や連絡だけにするのではなく、先生の嬉しかったことや悲しかったことなどの自分の話、本や新聞、ニュースからの話など、今日の話を用意していきました）、その後一日のスケジュールをていねいに話しておきます。一日の見通しを持って、生活・学習が送れるようにするためです。特に自閉的な傾向のある子がいると、尚一層これは大切です。

そして、毎朝、日記や作文を（作文は五月頃から自由題で月一回書く）読んで一日のスタートです。

朝これを読むことで、教室の空気がいっぺんにやわらいで、あたたかくなるのです。

みんなで笑いころげる作文もあれば、新しいことを発見して、はっとする日記もあります。こんなものを読んだ後、「さて一時間目の算数始めましょう」と言うと、教室は穏やかな空気で落ち着いて学習のスタートが切れます。

〈宿題のチェックを一時間目の後に〉

朝一番にこの作業をすると、忘れている人がたくさんいたりするとカーッとなりますから、一時間目の後の休み時間にしていました。子どもにやらせたりせず、教師自らで点検をしないと次第にルーズになっていきます。忘れている人には、その日のうちにやってもらうのですが、本人にどの時間にするか聞きます。休み時間にする人あり、放課後残ってする人あり、いろいろですが、やってから帰らせていました。時々脱走して帰ってしまう子もいましたが……。

⑤ 業間の長目の休み時間は職員室へ

ひと息入れに職員室へ。お茶を飲んで学年の先生方やまわりの先生方と交流もします。子どものケンカの仲裁をしたり、呼び出されて遊びに出ることもあります。ひと息入れる。職場の先生方との交流も大事なことなのです。

⑥ 昼休みは、「先生もあそぼ」

いつの頃からか、私のクラスの子らは、給食が終わると一番最初に終わった人が前へ出てきて、「今日は何をして遊びますか」とたずねます。そこで、その日の遊びとチーム分けが決まり、私もどこかに入ってくださいと決められます。一週間分決めたりしないで、その日その時の気分でやりたいことを決める。なるほど遊びって、そんなものなのでしょう。ノルマにされて、遊びなさいでは、本来の遊びではなくなるのです。

昼休みは、毎日毎日遊びの中に連れて行かれて、しかしやるからには本気やと四年生相手にSケンやドッヂボールなど夢中でやりました。子どもと年令が離れていくにつれ子どもの中へとび込んでいく努力が求められます。多忙さと体力の限界もありましたが、退職の日まで努力したことの一つでした。

⑦ 終わりの会

連絡帳を書いたら日直が司会をして、終わりの会をします。

- ◦今日うれしかったことやよかったこと（自分のこと、友だちのこと）
- ◦みんなに聞いてほしいこと　◦何か提案はありませんか
- ◦先生からの連絡　◦先生に本を読んでもらう

なお
（３年生）

〈自分や友だちのことで嬉しかったことやよかったことを話す〉

「今日、ぼくがわり算わからんかった時、さきちゃんが教えてくれて、わかって嬉しかったです」

教えてあげたさきちゃんも、教えてもらったとおるくんも笑顔になるひとときです。

「やっと漢字合格できて、めっちゃよかったわ」とまあちゃんが言うと、みんなから拍手です。何回も何回も挑戦してやっとです。みんなで賢くなりたいのです。

〈みんなに聞いてほしいこと〉

これを言って帰らないでは、気がおさまらないということもあります。悪口の言い合いをして、嫌な気持ちで帰らせることがないよう配慮しますが、聞いてあげることを大事にしたいです。

〈「何か提案はありませんか」コーナー〉

これは、八十頁からの「自治能力を育てたい」のところで詳しくふれますが、学級や学校生活、学習のことでこんなことをしたい、できたら楽しいぞ、おもしろいなと思うことを聞く場です。改善したいことやお願いを言うこともあります。

「たん生会の日を早く決めてほしいです」（毎月、たん生会をしている）（**一二六頁参照**）

「先生にお願い、明日虫探検に行くとき、虫メガネ貸してほしいです」

「カジノクラブで（**学級クラブの一つ、八七頁参照**）牛乳キャップ集めてるから、今日箱を回すから入れてください」（「二組からももらって来たるわ」の声）

「朝の会のカット絵もういっぱい貯まったから、やること変えませんか」

と、自分たちが意見を出して、我が組をよくしていこうという提案コーナーです。
学級をつくるのは、先生ではないのです。

〈最後に先生からの連絡コーナー〉

連絡が終わると、「それでは、先生に本を読んでもらいます」と日直が言い、みんな前へ集まってきて、机を少し後ろに下げて床に座ります。そして私が本を読んで一日が終わるのです（一二三頁参照）。優しい静かな空気が流れて「じゃまた明日ね」と別れます。今日は、嫌な叱り方をしたなあ……と思い、後悔するような気持ちで読む日もあります。一日にぎやかで、うるさくて、静かな時間が欲しいよ～と思い読んでいくと、やっと静かなひととき。ほっとしてバイバイする日もあります。生身の人間のするいとなみです。そうそう上手くばかりはいかないし、いい日ばかりではありません。後悔も反省も自己嫌悪も、そして落ち込み、迷う日を一日一日重ねながらの終わりの会でした。

（久美子）

その二

子どもが主人公の学級づくりのたねあかし

学級をつくるって、いったい誰がつくっていくのでしょうか。企画・立案し運営していくのは、先生だと考えられていないでしょうか。

学級づくりというのは、「先生うちの子かしこうしてやってくださいね」と手を合わす親の願いを受けて、親と子と教師の三者がつくっていくいとなみなのです。だからこそ、毎年違ったドラマが展開されていくのです。

今日、学級づくりは、そうそううまくばかりはいきません。様々な困難があるからこそ、集団づくりについて、本気で勉強しなければと思うのです。しかし、その困難になってきた学級集団づくりも、この三者で、力を合わせ、知恵を出し合えば、まさしくドラマを創るような「おもしろくなる話」になるのです。人間が未来に向かって育ち合う中で、希望を紡ぎながらドラマを創造していくことってやっぱりかけがえのない仕事なんですよね。

1　安心のある学級を

今、子どもたちは、見捨てられる不安感、生まれてきてよかったと思えない不安感、自分が自分であっていいと思えない不安感など、不安の中で、揺れ、迷い、もがいてもいます。

だからこそ、毎日やって来る学校、学級に安心の空気があれば、どれだけ生きやすくなることでしょう。

三年生の理科の学習で、チョウの一生を学ぶ単元がありました。ある朝、いなかでとってきたたくさんの青虫を教室へ持って行き、ひびの入った水槽に入れておいたのです。職員朝会が終わって、教室へやって来ると、その水槽の周りに、子どもたちが集まっています。ドアを開けたとたん「ゆうじ、お前が押すから、割れたんやろ！」と大きな声。見ると、ひびの入りかけた水槽がバリッと、下まで割れていたのです。

「あっごめんごめん、その水槽始めからひび入ってたんよ。大丈夫や！　ゆうじは、虫とか好きやから、必死で見ようとしとってんな、いいで」

　と言ったとたん、その場の空気がシーン……。

「こら！　ゆうじ、お前が割ったんか。押したりむちゃなことするから、そういうことになるんやろ、どうするんや」

　と言うかなと思ったら、肩すかし。でもなぜかほわっと温かい空気が流れていたのでした。

　その日、ゆうじは、一日私のところへ何度も甘えにきたものでした。

　洋一が転校して来たのは、四年生の時でした。身体がだるそうで、イスから落ちそうな格好で座り、靴を踏んでいました。

「洋一くん、靴はいてごらん」と言うがはやいか、両足で机を蹴倒したのです。ヒャーッとびっくりしている私を尻目に、クラスの子らは、「先生、かっこええやつが転校してきたなあ」と言うのに、またまたヒャーッ！先生に反抗できる姿がいいというのです。しばらく洋一と格闘の日々が続きました。時間割のあわせ方から教え、なかなか書かない連絡帳を書かせるのもひと苦労。キレたら手がつけられない！　やっと落ち着き始めた学級があっという間に騒然とし始め、泣きそうでしたよ。

ある日の算数のテストの時でした。テストを配ると、身体を斜めにして、本当に嫌そうに、しばらくテストを眺めてたかと思うと、おもむろに、テストをくしゃくしゃと丸めて、ポーンと投げ捨てたのです。〝何をするんや、そんなに嫌ならテストなんかしなくていい〟とも思ったのですが、じっとしばらくテストを眺めていた目線がなぜか心に残っていたので、くしゃくしゃになって捨てられたテストを拾って、平げて、机の上に置いたのです。

みんなが私の方をさっと見ました。

「大丈夫や、洋一な、このテスト、オレもできたらええのになあ……百点とれたらええのにと思っただけや」と言って、そのテストを一番から一緒にやり始める二人の姿を見て、なぜかとても安心した表情の子どもたちでした。このクラスでは、ああいう行動をとっても、先生は、あんなふうに対応してくれるんだ、だったら、ダメな自分を出しても大丈夫なんだ、安心だと敏感に感じているのでした。

学級づくりの最大の要が、この子ども観なのです。先生が子どもをどう捉え、どう対応しどう寄り添っていくのか、それが学級の集団の質をつくっていくのです。

この話を大学の授業の中でした時、学生が、

「先生、そんなふうに優しくしたら、つけ上がって、むちゃむちゃやっていったりしませんか」

と質問するのです。

五三頁でもふれましたが、教師が譲れないものを持っていて、ここという時は毅然としているという姿勢を示していると、洋一への対応を見て、この先生は、人として自分たちを大切にしてくれていると感じ、つけ上がったりはしないのです。反対に子どもは、教師を人として信頼してくれる存在だからすてきなのです。

2 知ったことを知り合う関係へ――「みんなちょっときいて」

集団づくりをすすめていく上で大切なポイントは、先生対子どもの一対一の信頼関係を軸とした上で、子ども同士をどうつなぎ合わせていくかという視点なのです。

達也くんが、朝来るなり、

「なあなあ先生、ベランダにカタツムリの子どもがいっぱいいるで」

と口をとがらせ興奮して話してくれたのです。

私は、早速朝の会の「みんなちょっと聞いて」コーナーで、この話をしました。するとどうでしょう。その日の放課後、六人もの友達が、カタツムリを見に達也の家に出かけて行ったのです。友達の中へなかなかとび込んで行けない達也ですが、この日は、友達と楽しく遊び、それがきっかけで、生き物大好きの仲間づくりが広がっていったのです。

転校してきたばかりの竜飛（りゅうひ）くんが日記に、次頁のような話を書いてきました。

この日記を私一人が読んで、赤ペンを入れて返したのでは、集団づくりへ発展しません。

この日記をみんなに読んでやるのです。

一日に二〇cmも伸びるという竹の子。ミネラルウォーターの味がする！　なになにぼくも見てみたい、味わってみたいとワクワク。

ぐんぐんのびる　にわの竹の子

二年　ふりはた　りゅうひ

きょう、ぼくのうちのにわの竹の子を見たら、大きくのびていて、びっくりした。

のびるのが十日もしないのに、ぐんぐんのびていた。よこのかわの小さいはっぱは、18まいあった。上は、5まいだった。今日は、よこ18まい。上5まいで、あしたは、いったいなんまいになるか、あしたまたかぞえてみる。それに竹の子のよこのはっぱから、水が出ていて、竹の子のにおいと、ミネラルウォーターのあじがした。

ぼくよりもせがのびるのが早くて、せがたかいから、竹の子はすごいと思う。

私がしたことは、クラスのみんなに日記を読んで、一緒に「うわぁ！　どんな竹の子だろうね、ほんとにミネラルウォーターの味するやろか」なんてしゃべっただけです。

さあ子どもたちは、じっとしていません。これまた早速、竜飛のうちへドカドカ出かけて行き、竹の子とご対面。にぎやかに遊んだ後、竜飛のお母さんが、「竹の子の皮ってね。昔は、こうやっておにぎりを包んで食べたのよ」という話をしてくださったようです。

その皮をもらって帰った早紀ちゃんは、数日後の遠足に、その皮で包んだおにぎりを持ってきて、私にも一つお裾分け。忙しいお母さんなのに、娘がもらってきた竹の皮をごみのように捨てないで、ちゃんとおにぎりにしてくださった子育ての姿に感激！

私はこの話を通信で紹介。手間ひまかけた子育ての姿勢を学び合っていくのです。早紀ちゃんには、重度の障害のある妹がいますが、この妹の子育てに悩むお母さんに、クラスの親たちがエールを送り、つながり合っていきました。
一人の子どもの表現が、学級の仲間をつなぎ、さらには、親をもつないでいくのです。これがダイナミックな集団の力で、数々のドラマを誕生させてくれるのです。

3　日記や作文を読み合って、つながる

私は、日記や作文など、子どもたちが自分をみつめ、表現する活動を学級づくりの中心に据えてやってきました。これは、子ども観を豊かにし、書くことを通して、子どもたちが自ら成長していくかけがえのないいとなみだからです。と同時に、その表現された物が学級という集団で、読み合われることで、子ども同士がつながり、集団が機能しはじめ、育ち合いを可能にしていくのです。（詳しい指導の仕方などについては、拙著『子どもたちに表現の喜びと生きる希望を』（日本機関紙出版センター）を参考に）

第一章で、連絡ノートのお話コーナーをみんなに紹介したり、「〇〇年生になって」を読んであげることで、お互いのことを知り合っていくということを書きました。

そういう活動を続けていくと、自分を表現したものを読み合うことでお互いのことを知り合う楽しさや快さを実感していきます。いえ、自分のことを読んでくれる、今自分はこのクラスに確かにいるという喜びが広がるのです。最初は自分のことをみんなに知られるのを恥ずかしがったり、むしろ拒否して心を閉ざすということもあります。学年が上がると一層、そういう傾向にあったりします。だからこそ、日記や作文を読

む前に、こういう少し軽いもので、読み合う空気を学級につくっていくことが大切なのです。

そして、しばらくしたら日記を始めてみませんか。子どもの暮らし、心を寄せていること、考えていることや願いが見えてきて、子どもがぐっと近く感じられて、可愛くなってきます。

しゃべらない、笑わない、心の中が見えてこない黒川くんが、ある日、日記を書いてきたのです。「ばあちゃんが病気で、ふろに入られへんから、きのうせ中ふいたった」これだけの日記ですが、たちまちこの子が一人の人格として立ち上がってくるから、すごいですよね。親子でも背中を拭いてやるなどしないという話を聞く中で、孫がばあちゃんの背中を拭いてやっているのです。「うわあ！　黒川くん優しいなあ、ばあちゃんうれしかったろうね。顔が浮かんでくるわ。先生かて泣きそうなくらい嬉しいわあ」みんなが黒川くんの方に目線を向けると、恥ずかしそうにしながら笑うのです。日記を書くという活動がなかったら、この子のこの暮らしや思いは、見えていませんよね。このクラスにいてよかった。今日学校に来てよかったという思いは、届かなかったでしょうね。日記あればこそなのです。しかも先生が一人読んだだけでは、こんな響き合いは生まれません。読み合ってこそ集団づくりにつながっていくのです。

日記の始め方

さて、その日記、何からどう始めていけばいいでしょうか。いろいろやり方はあって、自分のやりやすい方法で、やればいいのですが、私の場合を書いてみます。

まずは、今まで担任した子の日記やサークルの仲間にもらったものや作文集にのっているものなどを読んであげるのです。そんな話ならぼくにも書けそうだ、どこかに出かけなくても書くことって、身近にあるんだ、なんかおもしろそうやなあ、やってみたいなと思えるような働きかけをするのです。

そして、次頁「日記を書いてみよう」にあるような用紙を利用して導入をします。

土・日の翌日など、まずは、教師自身がどうしていたか話をし、次に子どもたちにもみんなに聞いてほしい楽しいこと、嬉しかったこと、がっかりしたこと、腹が立ったこと、悔しかったことや悲しかったこと、きれいだなあと感動したこと、困っていることなどなんでもいいんだよ、そこから一つ話をしてねと呼びかけます。お話がみつかった人から一人二人と話が出てきます。

「金曜日の夕方歯医者に行って、歯抜いてん。痛かったわ。下の歯やから屋根に投げたら落ちて来て、笑った」

「妹と二人でいちごを育ててるけど、花が咲いて、今一個だけ実がなって楽しみです」

「きのうゲームのことで弟とケンカして、オレばっかり怒られて、ムカついてるわ」

とこんな調子です。ふんふんと聴きます。みんなから質問が出ることもあります。嬉しそうに答えています。

「みんなもこんなふうにお話がみつかったら、今の紙に書いてほしいんです。先生読みたいなあ、楽しみです。一生懸命よく思い出して書いてくれたら短くても長くてもいいんだよ。紙が足らなければ何枚でもあげるよ」と安心を届けます。「短くてもいいの」と聞く子もいます。「いいよ、めんどくさいからちょっと書いとこうっていうのでなければね」

中には、書き慣れてなくて、その日のうちに話がみつからず書けない子もいるでしょう。ここが肝心。何

日記を書いてみよう

月　　日（　　）

この、土、日は
どんなことしてたの。
楽しかったこと、
悲しかったこと、
なんでも　心に
残っていること
話してください。
きのう
さんぱつ行ってな
かみへんになって
イヤや
四つ葉の
クローバー
みつけたで
妹とけんかして
私がシール
とられたのに
おこられた

●Ａ４の用紙に拡大コピーして使って下さい。

が何でも今日書かそうと強制しないことです。自己表現は、強制されると嫌になります。書きたいという意欲、書く喜びを育てることが大事なのです。そこで、横にいって、「土日どうしてたの」と話を聞くこともします。聞いているうちに話がみつかって、書き始める子もいます。みつからない子は、「明日またみつかったら書いてね。待ってるよ」と待つのです。二日待つ、三日待つこともありますが、表現が生まれるのを待ってくれている先生がいることが大切なのです。きっと書いてくれます。

こうして書いた日記を朝の会や国語の時間などに、数人ずつ読んであげるのです。通信などに載せてあげると、それはそれは大きな威力になります。書くことが好きになり、友だちが繋がり合って、教室の空気が次第にやわらかく、温かく変わっていくのが実感できることでしょう。

作文の授業

そして、月に一回くらい時間をとって、じっくり文章を書く、作文の授業をします。

基本的には、自分の表現したいことを自由に、そう枚数も書き方も書きたいように、自分の言葉で書くのです。そして、それをまた読み合っていきます。

三年生の民くんは、笑顔のいい子です。でも机の上も下も物がいっぱい。時々授業中ふうっと立っていたり、突然、歌をうたい出したりします。なかなか心の中が見えてこなくて、どんな子かなと思い続けていました。

机の下に本やノートが落ちているので、「民くん下に落ちてるよ」というと「落ちてへんわ、置いてるわ」

「そうか。置いてたんか、でも人に踏まれるから箱をあげるから入れとこか」というと納得。考えさせられたことでした。その民くんが初めて書いた作文です。

くり山くりお発見

三年　民和

月曜日の朝会で、くりににた石があったので、その石の名前を宮本といっしょに考えました。

（朝会のとき、石を探しに行っていた）

「くり山くりお」という名前にしました。

宮本と、くり山くりおであそびました。くり山くりおと野きゅうとか、くり山の家ぞくみつけです。

くり山くりのお父さんは「くり山イチロー」お母さんは「くり山さち子」。

ほんでからきょう新しいなかまの「貝がらくん」ができました。石の形が貝がらみたいな形になっているから「貝がらくん」になりました。

くり山の家ぞくを見つけたのは水曜日でした。うん動場のすな場のところでお父さんとお母さんを見つけました。そのとき体いくの時間だったから体いくがおわってから、くり山くりおといっしょのところにおいてやりました。

このごろは、くり山家ぞくはいつもひるねばっかりして、ぜんぜん体を動かしません。でも、ときどき見ます。（それが授業中なのだ……）

ある日くり山くりおとうめい人間が野きゅうをしました。さい初にくり山のこうげき、いきなりくり山くりおがホームランをうち、イチローが三しんで終わり。

さち子がツーベースヒットをうち、くり山が三しんでイチローがうって、またツーベースヒット、それからさち子が三しん、つぎにとうめい人間のこうげき、ツーベースヒットでつぎに二人三しん、つぎに一点かえされてくり山のこうげきで、くり山くりおが三しんでさち子もイチローも三しん。

とうめい人間のほうも三人で終わって、くり山家ぞくが二たい一でかちました。

くり山さち子はぺっちゃんこで、立つにはみんなが合体しないと立たれないけど、前の野きゅうでツーベースヒットで、かつやくしました。

くり山かぞくのとくいなところは、山のぼりとくりひろいです。

くり山くりおとくり山イチローは、にているけど、さち子だけはにていない、女だからだ。

くり山家ぞくで、一人だけだ、女は。

でも、なかよくやってる。女が一人でもさち子は「べつにいい、いい」っていっている。

おわり

へ～え民ちゃんの心の中は、こんなことがいっぱい詰まってたんですよね。可愛いでしょ。さっきまで「片づけや」と叱ってたんですが、こんな作文を読んだら、ころっと参ってしまって、とろけてしまいまし

日記・作文

た。

みんなに読んでやると、「おもしろいなあ、もう一回読んで」と結局三回読みました。「先生、作文っておもしろいなあ」と言うのです。

こんないとなみを飽きもせず、日々続けていくことが、実は集団づくりの大きな土台になり、柱になっていくのです。

4 どの子も見捨てない学級を

教育は「人格の育成」ではなく「人材の育成」だと言い、競争して、できない子は自己責任。切り捨てられても仕方がないという空気が教育界を覆ってきています。戦後の教育の歴史を振り返る時、こうした動きは、教育界の人災という名の大地震だとさえ感じるのです。

教師になって三十八年いや大学も入れると四十三年、どの子も見捨てないでおこうと努力してきた四十三年ではなかったかと思うのです。決してうまくはいかなかったし、そうは願っていても、切り捨ててきた子はいなかったと言い切れるものではありません。

しかし、しかしです。能力主義、競争主義が公然と出てきて、政策として競争で切り捨てていくのですから黙っているわけにはいきません。いえ、黙っていないのは、子どもたちです。きっと彼らは、行動でそれを示しますよ。子どもたちが「荒れた」と言って、子どもたちのせいにしないでくださいよ。教育政策・政治政策としてやってきたのですから。そうはいっても現場にいる私たちは、毎日子どもを前にしてるのです。いえ、どんな政策が下りてきても、子どもにかかわるのは私たちですから、どの子も切り捨てない、見捨てない教育のために、教育者の魂をそそいでいきましょう。

ええかっこうを言いましたが、現実には、どこのクラスにも、この子がいなければどんなに楽だろうと思う子がいるものです。

ああ大変やなあ～も～と思っているのですが、なにがスゴイって、子どもたちは、見捨てないんですよね。三年生にもなって、かけ算の九九を覚えてなくて、割り算がさっぱり、と言って、その子たちにゆっくり時間をとってマスターさせてあげる時間がない、あ～と思うのですが、子どもたちはほっていかないのです。「なあ、まあちゃんも、りりちゃんも九九覚えてなくて、割り算全員百点めざそうってやっていきたいけど、どうしようか」と相談すると、力を貸してくれるから大したもんです。「先生、覚えるまでは、九九表見てやってもいいことにしたって」と言って、なんと算数の学習係が、毎算数の時間のはじめに「まあちゃん、今日は、七の段やってください」と特訓を始めてくれたのです。掃除をしていても「七六　しちろくは？」と声をかけたり、教室の入口に「7×6」というカードを貼って、まあちゃんが入口を出入りする度に「しちろくしじゅうに」と言わないと通過できないようにして、覚えさせてくれたのです。一生忘れないことでしょう。

250÷5の割り算がわからないと言った時、

「なあみんな、まあちゃんなあ、先生の今の説明でよくわからんかったらしいから、どう説明したらわかりやすいか知恵貸してよ」

と言うと、ノートに説明の仕方を各々書いてくれるのです。

強くんは、「まあちゃんは、金使いが荒いから、お金で説明します。二百五十円の……」と書いてあり、苦笑いしましたが、この説明がピッタリ！　まあちゃんもにっこり。教えられて賢くなれてまあちゃんは喜び、教えることで一段深い学びをした強くんも嬉しそうでした。みんなで賢くなろう、教え教えられることで、人格を結び合わせて学力を高めていく、2万％教育は強制だと豪語し、強制しないと勉強しないという方に、この子どもたちの姿を見せてあげたいものです。

5　自分たちの意見や考えで学級や授業をつくる——自治能力を育てたい

あなた自身が職員会議で、意見を言ったり提案したことが、「それいいですね。みんなでやってみましょう」ということになり、実際に実践してみたらなかなか良かったと認められたらどうでしょうね。自分の学校が好きになりませんか。この職員の一員として認められ、自分の存在場所ができたような、充たされた気持ちになり、明日からのエネルギーが湧いてきませんか。そうですよね。子どもたちも一緒なのです。なのに、子どもだからとその声に耳を傾けず、教師主導で学級のことも学習のことも進めているということはないでしょうか。大学生に「特別活動論」の授業の中で「あなたたちが小学校四年生になったつもりで、こんなことをしたら自分の学級がおもしろくなる、こんな勉強だったらやる気が出るという提案を考えてください」と課題設定したのです。すると、そういうことは、先生が考えるものだと思ってたので、なかなか浮かんでこないという人が多かったのです。

「例えば、体育の時間にこんな体育ゲームをしたいと提案して、それが取り上げられたら、嬉しいよねえ。今度の席替えの仕方をこんなふうに変えてほしいと提案するとか、月曜日の一時間目の科目を、みんなの意見で決められたらいいかなとか……」

「へ～え、そんなことを言ってええんや」とびっくり！　だって自分たちの学校、自分たちのクラス、自分たちの学びなんですよね。

「そんなことしたら好き放題、野放しの学級になって収拾がつかなくなりはしないのか」と心配の声もありました。

そこは大事なところですよね。何でもありの学級をつくるのではありません。例えば、「黒板にらく書きがしたい」という要求が出ました。

私は、黒板は、勉強する舞台だから、らく書きは認めませんと毅然とします。しかし、らく書きをしたいという要求までつぶしてはならないので、黒板にではなく、別の形で「らく書き大会」をしようと、私も提案を出すのです。ところがです。黒板にらく書きをする子が出てきたのです。その時、子どもの中から「お前あかんやろ！　そんな約束守らへんのやったら〝らく書き大会〟参加させへんで」ときびしくせまるのです。この時自主的な規律がうまれ、自ら守ろうとするのです。

やりたいことは、理にかなっていて、みんなの合意が得られたら受け入れられる。先生はきく耳を持っているぞ。しかし、その実現の為に、お互いルールを守らないとうまくいかなくなる。自分らが提案して、先生は認めてくれたんだから、きちんとやって成功させようよという空気が集団の中にできてくる。これが自治の力の形成なのです。このプロセスこそ、子どもたちを育てるのです。「いやあ、うちのクラスの子らは、そんな力ないです。いちいち言ってやらないと何をどうするか全然わかってませんよ」と言われる方もあるでしょうね。

もちろん「提案する」とか「意見を出す」とか「自分らで規律を作って守る」とかは、それこそ指導し、導いていかなければ育たないでしょう。「そんなことを忙しいのに、時間かけてやってられませんよ」という声が聞こえてきます。ところがです。こういう力が育ってくると学級運営も学習のすすめ方もスムーズになり、なんといっても子どもの育ちに手ごたえがあるのですから、時間と少し手間ひまをかける値うちが十分あるのです。

まずは、子どもの声に耳を傾けてみてください。ほら「先生席替えしようや」「今日のドッヂボールおもろないわ。前のやり方の方が良かったわ」と言ってるでしょう。それが提案です。みんなに提案して意見聞いてみようよ。ルールを替えてやったらおもしろそうだとなれば、それでやってみるのです。やってみたら、なかなかスムーズでおもしろかったとなれば中村くんが提案してくれたから、今日の体育面白かったわと充たされるのです。なるほどこんなふうに意見を出していけば、勉強もおもしろくなるんだと実感していけばしめたもんです。

ただし、いつもうまくいくとは限りません。

「飛行機とばし大会をしよう」と提案があり、レクリエーション係が計画・立案して準備をしてくれるのですが、いざやり始めると準備不足でうまくいきません。こんな時私は、なかなかきびしいです。

「このまま続けても混乱します。今日は、止めます。もう一度準備しなおして、再提案しなさい」「えーっ」

と大合唱。負けません。「止めます。あなたたちが提案したのに、〝準備不足〟はないでしょ。時間の無駄や」うまくいかなかった原因を考えさせ、新たに提案（段どりとルール）をさせて、実践するということを課して自分たちが提案するというのは、決して、やりたい放題ではないことをわからせるのです。

こんな学級つくりたい、こんな学びをしたい

新学期が始まると、学級目標を決め、「がんばる目標」というのを書かせるということがあります。私もかつてはそうでしたが、だんだん変えてきました。私のつくる学級・授業ではなく、子どもたちと一緒につくるものにしていきたかったのです。そしていつも「がんばる」ことばかり求めないで、それも必要ですが、意見や提案を出してもらい、子どもたちの声を集める新学期にしたのです。

「ロッカーとか靴箱の名札のところに絵を描きたい」「先生のマジックもっと見せて」「Sケンをみんなでして遊びたい。先生も入って一緒にやりたい」「グループごとに好きな野菜を植えたい。それ食べたい」「2組とサッカーとか試合やりたい」「先生のメガネをとった顔を見たい」「テレビ見る時間増やしてほしい」……何でも聞き入れるわけではありません。また要求を全部取り上げるのも困難です。

メガネはずした顔なんかその場でハイ！　と実現。「うわあ！　ブスや」あ～あ見せんかったらよかった。何でも聞き入れないですぞ。「テレビの時間?!　先生は、ビデオやテレビを活用することはあっても、度々は、見ません。悪しからず」とはっきり言います。

ロッカーの名札に絵を描く。そりゃなんだと思われるでしょ。小さな名前の札に絵を描いてそこに名前を

書いて、ロッカーに貼るというのです。ところがです。次の日見ると、ロッカーを片づける子あり、なんとレースのカーテンみたいなものをつって、自分のロッカーをきれいにしている子ありです。私のロッカーだという意識が出てきたのですね。靴箱もそうでした。一人ひとり違う絵の描かれた靴箱は、ぼくの靴箱なのです。

こうして新学期早々、この先生は、ぼくたちの意見を聞いてくれるんだという意識が出てきます。そして、できることから少しずつ実現させていくプロセスを見て、またちょっと感激してくれるのです。

終わりの会で「提案」の時間

提案や要求というものは、育てるもの、育っていくものですから、最初で終わりではなく、日常的に、終わりの会で「提案」の時間を保障します。日直さんが、「何か提案は、ありませんか」と言うのです。

「ハイ、提案です。朝の会いつも一緒のことばっかりやから、そろそろ替えませんか」

「図書係さん前やったみたいに、ブックトークみたいなんをやってください」

「メダカに勝手にエサやる人がいて困ってるから、やらないでください」

「ゆきちゃんのおばあちゃんにカイコもらったけど、金子みすゞのカイコの詩をみんなで読みたいです」

等々提案の質も高まってきます。

「ムリ」と思う提案ならどうする？

今学校では禁止になっているが、学校でも野球をすることはできないかという提案です。う～ん、場所的にも無理だしね、さて、どうしようか？　ここから先がおもしろいのです。「ムリ」とバッサリ切ってしまえば、元も子もありません。みんなで知恵の出しどころです。ベースとベースの距離を短くする、硬球だと狭いし、女子は嫌だというから軟球にする。（最初は、ボールでなくても紙とかを丸めて作ったやつで練習してもいい）ルールを簡単にする。等々意見が出て、〃おっ、なかなかやるな〃とにっこり。こういうプロセスこそ、ドラマです。子どもたちの知恵・賢さに脱帽、「なかなかやるな」と言うと誇らしげでした。

ミサンガという腕につけるものが流行した時も、次々と新しく買ってくるからと学校全体で禁止になったのです。でもどうしてもつけたいというのです。「よし！　では自分たちで作ろうよ。これなら大丈夫や」と子どもの活動に発展させていったのです。

「学級クラブ」はおもしろい

やりたいことがある、熱中できることがある、そういう学級は、生き生きしています。

「いやあ、今のクラスの子らは、おとなしくて、自分からとかなかなか言いません」

崩壊状態になっている高学年に援助に入ったりすると、「勝手なことは、いろいろやるけど、みなバラバラ、あきたらポイだし……」という声を聞きます。

いえいえ、どういうクラスの子らも、自分たちのやりたいことを実は持っているのです。

五年生の大変なクラスに援助に入った時のことです。担任は、午後からお休みになりました。給食時間に行くと、それこそ好き勝手なグループで給食をし、どっさり残菜があり、いざ片づけとなっても子どもが動きません。

「この食缶とごはんの入れ物、誰が担当なの」と聞くと男子が指さした女子のグループ四人は、何やらノートを広げて書いているのです。「あんたたち当番でしょ。片づけてよ」と言うと、嫌になるような目つきで睨みつけるのです。なんなのその目！　と憎たらしくなります。「あんたら当番せんとなにしてんのよ」と近づいていくと、四コママンガを描いているのです。それがなかなか上手なので「へ～え！　上手いやんか。これコピーさせてよ。今日五時間目先生自習につき合うことになってるから、みんなで四コママンガ描こうか」というと、四人が目くばせしてると思うと、「しゃあないわ、やるわ」と当番活動をやってくれたのでした。やりたいことを持っているのです。それに私たちが近づいていくと見えてくるのです。

さて「学級クラブ」です。みんないろいろやりたいことがあるんだ。それを保障してやるという活動です。三人いたら集団ができます。危険なことやお金の必要なクラブは困ります。それに、「寄せて」というのに、「ダメだ」と言うのでは、うまくいきません。「寄せて」という人を排除しないという約束です。それ以外制約はありません。朝クラブができて、帰りに解散してもいいのです。自由なのです。おもしろかったら続くのです。

時間は、月に二回くらい。総合の時間や学級活動の時間などを使いました。

いろいろなクラブがありました。

「先生の手品みやぶりクラブ」牛乳キャップを集めて、それでゲームをする「カジノクラブ」「絵本作りクラブ」「バトンダンスクラブ」「科学研究クラブ」「交通クラブ」算数で長さの学習をしたとたんできたのが「長さ測りクラブ」「飛行機とばしクラブ」ぬいぐるみの家を作る「家作りクラブ」「野球クラブ」（これは、放課後帰ってから公園で）とまあ、いろいろなクラブが作られました。

「長さ測りクラブ」なんか二～三回したらハイ終わりかと思いましたが、半年以上続くのには、びっくりでした。

子どもってたわいもないことがおもしろいんですよね。「交通クラブ」の拳（けん）ちゃんは、私がどこかへ出かけると言うといつも電車のことを調べて教えてくれるのです。とにかく方向オンチの私が、一人で講演先に出かけるのですから、それは親切でした。発車音もやってくれ、「二両目と六両目は、トイレがありませんから気をつけてください」という調子です。拳ちゃんは、とうとう高校を卒業した後、大学へ行くのはやめてＪＲの運転手になったのです。

「野球クラブ」を作った時のかっちゃんの作文です。かっちゃんは、大阪弁で川柳を作った時、こんな川柳をかきました。

「やせたいな　またまた食って　やせれない」

「遊ぶとき　いつも　女に遊ばれる」

どんな子か浮かんでくるでしょう。人のいい、笑うと目がなくなるかっちゃんです。

野球のチームを作った

大野かつき

今日、学校で、野球のチームを作りました。ぼくと森本くんと今西くんとすず木くんと坂口くんと杉山くんと西尾くんと高林くんと吉永くんとでチームを作りました。

ぼくピッチャー　今西くんキャッチャー　森本くん一るい　坂口くん　二るい　西尾くん三るい　杉山くん　ショート　すず木くんセンター　吉永くんライト　高林くんレフトを守っています。

吉永くんは、日曜しか遊べない。久代くんも入れます。

次は、打順。一番ぼく、二番今西くん、三番杉山くん、四番森本くん、五番すず木くん、六番久代くん、七番坂口くん、八番西尾くん、九番高林くんの打順です。

マネージャー谷口さんと初元さんと池田さんです。このチームは、強いかもしれない。キャプテン今西くんです。毎週月曜と水曜です。

場所は、五丁目のグランドでやっています。チームの名前は「ビクトリーシャーマンズ」です。ぜひ、来てください。土佐先生もぜひ来てください。試合があるときがんばります。それで、おうえんしてください。ただし、雨のとき中止です。相手もけっこう強いと思います。

けど、ぼくらも、けっこう強いです。ぼくらは、あきらめないチームです。勝負しても、勝ってやる。

もしグラウンドが使ってたら、どんぐり広場でやっています。グラウンドもどんぐり広場も、どっちも使っていたら、中止になります。

試合するとき、土佐先生も見に来てください。

マネージャーもポンポンつけてきて、おうえんしてくださいね。ポンポンが、なかったら、試合する前に土佐先生にもらいなさい。火曜日と木曜日は、プールとかあるからやりません。試合をする前は、練習します。初めて野球チームを作ってよかった。試合するときがんばろうね。先に来たら場所とっといてね。

野球の持ち物
水とう、バット、グローブ、キャッチャーミット、ボール2こか3こぐらい持って来てください。土佐先生も水とうも持って来てくださいね。マネージャーの初元さん、池田さん、谷口さんも持ち物、水とう、ポンポンがいります。
もし、マネージャーが、やりたかったらぼくに「マネージャーやりたい」って、言ってくださいね。まず先に宿題をやってから来てください。それやったら、土佐先生に、おこられないですむ。これで、守りと打順とマネージャーも作れてほんとうによかった。マネージャーしっかりおうえんしてください。みんなバッターのときうってね。野球は、けっこうしんどいから、みんながんばって野球をしてくださいね。かぜやったら野球は、休んでもいいですよ。

マネージャーも、かぜとかひいたら休んでもいいですよ。土佐先生も、用事とかあったらけえへんかってもいいですよ。

かわいいですよね。「けえへんかってもいいですよ」と言いながら「先生来て！　来て！」と一生懸命よびかけてくれます。

この野球チームはずいぶん長く続きました。鬼の監督もいないのに、よく続くもんです。子どもたちは、野球チームのことを日記や作文によく書いてきました。グラウンドを整地した後がきれいだった話、もめてこんなふうに解決したという話、よしくんのおばちゃんがたこ焼きの差し入れしてくれてうまかったという話、たっちゃんの父さんが仕事休みで、ノックにつき合ってくれたとか、いろいろ書きました。それを教室で読み合います。通信にも載っているので、ご家族の方も読みます。隣のクラスの先生にも通信を渡すので読んでくれます。「いっぺん見に行ってみよう」と出かけてくれる人や差し入れをしてくださる方、応援に行ってくれる人なども出てきて盛り上がっていくのです。

自分たちの活動が、ことばで表現され、みんなの中に届いていくことは、活動の意欲づけになっていくのだと実感したことでした。

池本さんのお父さんからは、感謝状が届きました。「学級に野球クラブができておっちゃんは、大喜びしています。前は、ゆきは、野球に興味がなくて、私が阪神ファンで、野球がみたいのに見せてくれなかったのに、今では一緒に野球をみて応援しています。野球クラブができてよかったので、感謝状を送ります」とまあ愉快ゆかいでしょう。

「絵本作りクラブ」の人たちは、自分たちが作った絵本や紙芝居を一年生に読み聞かせに行きました。「バトンダンス」クラブの人たちは、お誕生会で発表してもらいました。活動の発表の場があったり、誰かの役に立ったりすると一層意欲的になったものでした。

また目立たない子に出番ができて、力を発揮し、自信をつけていくということもありました。家庭訪問の時、手作りおもちゃをいろいろ工夫しているのを知って「『飛行機とばしクラブ』の先生をしてごらんよ」と声をかけてみました。

よく飛ぶ飛行機の工夫のいろいろをていねいな文字で説明書を作ってきて、みんなの先生になって教えてくれたのです。出番があると子どもってあんなに輝くんだとはっとしたことを覚えています。

とにかく学級クラブ活動は、実におもしろいです。

6　ケンカ・トラブルは、育ちのきっかけ

今日は、優しい先生でありたいと教室に向かったのに、もう朝からケンカ！　あ〜、もうウンザリ……毎日毎日……。

ケンカやトラブルが本当に増えましたね。どうなってるんだろうと頭を抱え込んでしまいます。

退職後、週三回専門員として、小学校に勤めていた時のことです。

三年生の子が廊下に突っ伏して、大声で泣いています。少し時間と気持ちにも余裕のある身ですから、そ

こにかがんで、背中をなでてやりながら「中川くんいやなことがあったんか、淋しいことがあったんか」と聞くと、一層声を上げて泣きながら、体をすり寄せてくるのです。

テストの丸つけをしていた担任の先生が、「先生もうほっといてください。今日三回目ですねん」と言うのです。私も忙しい担任だったら同じことを言うだろうな。なでているとこの子の淋しさが体から伝わってきて、あ～忙しい、忙しいで、今までたくさんの子どものSOSを見のがしてきたんだろうなあと心が痛んだことでした。

家族の中で甘える懐のない子が、淋しさや悲しみ、不安を抱え、どうせぼくなんか……と投げやりになっているところへ、友だちがちょっといじわるをする、笑って返せそうなことにも気持ちが切れて、大ゲンカになってしまうのです。

ケンカやトラブルには、必ずわけがあるのです。それをひもといていくと、そこに育ちのきっかけが、これまた必ずあるのです。ケンカの後始末ばかりに追われていると、増幅作用を起こし、一層教室は、落ち着かなくなったりします。

ケンカやトラブルなぜこんなに起きる？　その背景

①　まず、その子の生活の背景に目を向けてみよう

「あそこは、母子家庭だから愛情不足で……」というような決めつけ方は、厳に慎みたいものです。

個々の子どもや親の暮らしの具体的な事実から、子どもの心の声を聴いていきたいです。赤ちゃんが生まれ、お母さんの目も心もそこに奪われて、自分の方を向いてくれなくてSOSを出している子。

父親の会社が倒産し、家じゅうがパニックになって、不安を抱えている子。

借金の返済に追われ、親の帰りが遅く、一人で夕食を食べ、風の音にもおびえて夜を過ごしている子。

父親の仕事を継いで、医者になることを運命のように課せられ、勉強に追いたてられている子の深いイラだち。

厳しい時代の風は、子どもたちの心の奥にまで吹きつけています。一人の教師に何ほどのことができるのか、大きな壁の前で、たじろいでいますが、せめて、子どもの話に耳を傾け、そうかそうかしんどいよなあ、よくがんばっているなあと共感してやりたいです。そして、親の話にも心を傾け、聴ける教師でありたいと思っています。聴いてくれた、わかってくれたと思うだけで、気持ちが楽になると言います。イラだちや淋しさ不安を、他人を攻撃することで出さなくてもすむのです。

②　自分は、人から大切にされているという実感が届いているでしょうか

あの東京・秋葉原の事件は、いったい何だったのでしょうね。許せない事件ではありましたが、二十七歳の青年が、事件前に「死ぬまで一人、死んでからも一人、幸せになりたかった」とインターネットに書き込んでいましたね。死んであの世に行ってからも一人だと思わせる深い孤独感を刻ませるこの時代は、いったい何なのでしょうか。

母親に校門まで引きずられて来て、ヒステリックな声をあびせかけられていたまゆみ。走って行って、母親から引き取った時の、大人不信の目。言葉が出ませんでした。思わず抱き寄せて〝大丈夫やで、大丈夫やで〟とだけくり返した私でした。体を震わせ、しぼり出すように泣くまゆみの体からこの子の淋しさが伝わってきます。今、学校って何をしなきゃならないのかと問答します。やることはいっぱい、教えなきゃならないこといっぱい……でも……一番届けなければならないことは、どんなことしても見捨てへんよ、大丈夫だよ、人って温かいんだよ、人は信じられるんだよということを理屈でなく、実感として届けていくことではないかとしみじみ思う今なのです。

③ 賢く、よい子であれの親の期待にイライラしていないでしょうか

陽ちゃんが算数の時間、机の下にもぐり込んでガンガン蹴り続け、授業になりません。「うるさいぞ」と注意した友だちに唾を吐きかけるのです。

机を蹴って、みんなの授業の邪魔をしてはいけません。せっかく注意してくれた友だちに唾を吐きかけるなんて許せません、と叱れば叱るほど、子どもを追い込んでいきます。

よくよく聞くと、さっき返した算数のテストの点数が悪いから、家に帰れないと言うのです。90点より悪い点数をとったら怒られると言います。「よっしゃ。今日先生と一緒に帰ろう。お母さんにお話してあげるからね」やっと自分を取り戻してくれた陽ちゃんです。

学校では、勉強もがんばる、礼儀正しく言うことのない康ちゃん。家庭でも、宿題など「しなさい」なん

て言ったことはない。塾や習い事もほんとによくがんばっていて、今のところ言うことはありません、というのです。

ある日、学童保育の指導員さんが、学校に相談に来られたのです。友だちとのケンカが絶えず、この間は、ケガまでさせてしまいました。親は、学童の指導が悪いから、「やめさせる」と言ってきたと言うのです。

そうか、家でも学校でもいい子をして、がんばって、がんばって……一番自分の本当の出しやすい学童保育で、イライラを爆発させていたのです。学童保育という息抜きの場所があって助かりました。そして、子どものSOSをキャッチしてくれる指導員さんがいてくださって、助かったのです。複数の大人の目で、子どものSOSをキャッチしていくことの大事さを学ばせていただきました。

敷かれたレールの上を、自分の意志とは別のところで走らされ、追いたてられている子どもたち。早く、もっとがんばって、失敗なんかしてる余裕はないんだから、真っすぐな道を人を蹴落として、競争に勝って走るんだと。

ケンカもトラブルも起こさないはずはありません。起こすからいいのです。

ケンカもトラブルもないクラスがいいクラスだと錯覚しないようにしたいです。

子どもたちは、トラブルを起こしながら人間づき合いの仕方を学んでいるのですから。

④　思考し、コントロールする言葉の育ちはどうでしょうか

私の友人のクラスの五年生の日記です。

今の自分

（四月）

五年　成樹

今の自分は、最近自分はなぜうざくなる。みんながうざくなることもある。何でうざくなるか自分でもわからない。うざいときとうざくないときがある。この前だって、ドッチやってたら六年のやつが、ころがっていたボールをちがうところにけったからめちゃくちゃいらついて、おちょくったらこっちにきて
「けんかやるか。」
と聞かれて
「やらない。」
と言った。でも、次言ってきたらぜったいに一対一でケンカしてやる。オレのパワーの元は、いかり。いらついたらすぐにうざくなる。たまにだれでもいいからけんかしたくなる。たまにみんながうざくなる。たまにみんなが消えればいいと思うし、もう自分でもなんでうざくなるのかわからない。

でも、だれかとケンカやったら、ぜったいに先生がおこる。なぜ先生はおこるのかわからない。ケンカやるのは自分のかってと思う。だって先生がやるわけじゃないのにって思う。

（辻学級）

思春期の五年生、日記という活動が保障されている教室だからこそ、書けたのです。書きながら、この子は自分をみつめています。言葉でものを考え、認識しているのです。この言葉の育ちが不十分だと、それがトラブルに発展します。トラブル・ケンカの絶えない子が、こうして、書くことで、ふり返り、みつめ、考え、自分発見をする中で、自己をコントロールする力を貯えていくのです。

⑤ 勉強がわからない、〝どうせぼくなんか〟と投げやりになっていませんか

勉強がわからない悲しみ、イラだち、自己否定感が爆発して、トラブルやケンカになることもままあります。

ケンカをするたび話し合いを重ね、「ごめんなさい」の繰り返し。これでは解決になりません。「何回注意したらわかるの！　自分のしたことを振り返ってみなさい。自分も友だちにされたらイヤでしょ」と疲れ果てるくらい怒っても、解決しません。心に響かないばかりか反発さえ感じ、ウザイんじゃ、消えろ！　先生なんか大キライ！　と心の中で叫んでいることでしょう。だって勉強がわかりたいのにわからなくて、もがいているのですから、どんどん自分がキライになっていくのですから、悲しいです。「シネ」と他人に言いながら、実は、自分に向かって言ってる子もいます。

そうか算数の分数が全くわかっていないんだ。かけ算九九も不十分。漢字のテストも20点そりゃいやになるよなあ……。

この子に勉強がわかって嬉しいという気持ちを育んでいく取り組みを始めないことには、本当の解決にはならないのです。

そして、自信をなくしているこの子に出番をつくっていく取り組みが求められます。

⑥ コミュニケーション能力の育ちはどうでしょうか

自分の思いや感情を表現する力は育っているのだろうか。人の言葉に耳を傾けられているのだろうか。相手の人の感情がわかっているのだろうか。相手の思いを理解する力はどうだろうか……とていねいにみつめてみたいです。

ところがです。コミュニケーション能力が育っていない、情報化社会で使えるコミュニケーション能力の育成だといって、話す訓練、聞くテクニック、書かせ方の技術などが今現場で流行しています。これは、力をつけるどころか一層、表現能力や人間理解能力を押しつぶしていくのではないかと大変懸念しています。人の言葉に耳を傾けられない子は、自分の話を心から聴いてもらえずにきた子が多いのです。ならば、訓練ではなく、私たちには、その子の話を本気で聴いてやることが求められています。

自分の思いが表現できない子は、安心して物が言える空気をつくってやり、よい聴き手になってやると、話し始めるのです。相手にわかりやすく、筋道立ててと要求しすぎないで、ぽろぽろと出てくるつぶやきをうんうんと言って聴き、共感してやることなのです。

どの子も話したいこと、聴いてほしいことを持っています。訓練や技術だけでは、本当の自分を出してきたりはしません。今求められているコミュニケーション能力の形成のカギは、このあたりにあるのではと思っています。そうです、生きている自己を表現する力、人を理解する力、このことぬきのコミュニケーション力では、人間は育っていきません。

自分の学級は、物が言いやすい空気になっているのだろうか、友だちの話をわかるわかると共感して聴ける空気になっているだろうか、トラブルの背景を考えるとき、振り返ってみたいことです。

⑦ クラスで楽しいことやってますか

さらに振り返ってみたいことは、友だちの悪口を言い合ったり、ケンカの後始末の話し合いばかりで、楽しいことにみんなで熱中することはあるのだろうかと、いうことです。

あそこのクラスは、外へ飛び出して、よく遊んでるよね、縄とびの連続何回できたとかあの子たち燃えてるよね、クラスで将棋がはやってるらしく、近所のおじいちゃんまで巻き込んでいるらしいね……と熱中できること夢中になれる遊びをみんなでワイワイやっているクラスは、トラブルはあっても明るいのです。

朝からケンカ！　もう～よっしゃ外へ一緒に遊びに行こうとひと汗かいてきたらチャンネルが切り替わることが多いですよ。

⑧ 最後に、きちんとみておきたいことは、発達上課題のある子どもたちの問題です

相手の感情がわからない、すぐにキレル、大きな音、クラスの騒音、先生のキンキン声に敏感に反応してパニックになる、片づけができにくい、根気が続かなく、興味が次から次へ。気がかりです。こうした子どもたちが、トラブルの中心にいることもよくあることです。しかし、だからと言ってすぐにあの子は障害があるのではと安易に判断し、問題児扱いするのも危険です。発達に課題があるのに専門家のアドバイスも得ず、適切な対応をしないのは、その子の育ちを疎外してしまいます。

親にも子育てに自信をなくさせ、一層子どもを追い込むことにもなりかねません。どういうタイミングや状況で、専門家に相談するかは、難しいこともありますが、それを恐れて時期を遅らせてしまうことも問題です。学年の先生や管理職とも相談し、アドバイスもいただきながら、親との間に信頼関係を築く努力をしていく中で、親も子育てに困っているのですから、一緒に専門家のアドバイスを受けてみませんかと話していきたいです。

ＡＤＨＤと診断された子には、パニックになった時は、刺激を与えないで、そっとすることが大切だと教えていただきました。周りの友だちにも理解を求めます。学年が上がってくると本人も自分の弱点を理解し、自分の行動の仕方を学んでいきますから、「落ち着くまで静かな部屋でいます」と、自己対応が可能になっていくのです。

ケンカ・トラブルを解決するために

①「どうしたの」から

「あいつが先に、蹴ってきた……」と言い出すと、「またあんたすぐに足出してるやろ。この前も怒られたばかりやろ」と、すぐに言わないことです。とにかく聴いてみたいです。ちょっと、いえ、だいぶ修業がいりますが、大事な修業です。そして話を聴く時は、当事者はもちろん、その近くでケンカを見ていた子らも一緒に話を聴くこともします。

泣きながら、どなりながらでも、とにかく話を聴くことができたら半分以上解決です。お互いに納得していないのに、喧嘩両成敗的に、どちらもごめん、ハイ握手というのは解決にはなりません。先生の自己満足にはなってもね。安易な反省文を強制して書かせるのも意味はありません。

②「ごめん」が言えない

キレル・スネル。運動会も、「ダンスなんかキライ」と砂遊び。――子どもを信じて待つって、子どもを受け止めるって、何よ！　と一年生相手に格闘の日々を送りました。

十月に教育実習生がやって来ました。実習生の面倒をみる余裕なんかないよーというものの「主任がやってください」と、えーっ！　案の定大変でしたよ。明日が実習生の公開授業だという前日のことでした。国語の「ことばあそび」の授業をすることになり、実習生がその事前授業をしたのです。

私は、後ろでみていました。チャイムが鳴ってすぐ、「この落ち葉の詩覚えてきた人ありますか」と言うと、何人かが挙手しました。なんと健ちゃんが珍しく手を挙げてくれていたのです。実習生もそれが嬉しくて、一番に「ハイ健ちゃん」とあてました。「前に出て来てやってください」と言ったので、一層緊張です。二行ほど暗唱した時、まちがえてしまったのです。ところが、この時、笑った子がいたのです。健ちゃんは、持っていたプリントを投げ、机を蹴とばし、自分の席につくと、机にもたれたまま、「まちがえ！　まちがえ！」とどなり散らします。ひょっと見ると珍しく涙ぐんでいます。「オレ幼稚園の時からいっぱいおこられても泣けへんで」と言っていたのにです。

次の子が前に出て来て暗唱を始めても、どなっています。実習生もオロオロ。先生助けてくださいという目線を送ってきますが、そうもいきません。それでも後ろでジリジリと様子を見守っていました。

　このままほっておくわけにもいかず、次の授業の始めに、「なあみんな……」と話しかけました。「健ちゃん一番に前に出て、詩の暗唱、ドキドキしたと思うで。先生も子どもの頃、恥ずかしがりやだったからわかるわ。一生懸命やってたのに、まちがってしまって、あ〜と思ってたのに、笑った人がいたやろ。健ちゃん悲しかったよなあ」と言って、健ちゃんの方を見ると、珍しく顎に手をあて、首を伸ばした格好で、じいっと話を聞いていて、「悲しかったよな」と言ったとたんに、手をはずし首をガクンとうなだれたのです。言葉が届かないもどかしい日々でしたが、この日初めて言葉が目から心に届いたという実感がしたのでした。「それなのに……自分も嫌だったのに、友だちに『まちがえ』とどなり散らしたことは、反省しなさい」と言わなくてよかったなあと思いました。後ろで見ていたので、私の心の中に余裕ができていたのでしょうね。

　自分を受け止めてくれたというぬくもりが胸に届いてない子に、人の痛みをわかれ、反省せよと言っても届きません。この時は悲しみに共感してあげるだけでよかったのでした。

　大切なことを学んだ時間でした。

③　たまには心に響く叱り方を

有島武郎の「一房のぶどう」という児童作品があります。わが子のために書かれたという作品です。

　友だちのクレヨンを盗ってしまった子を、職員室によびます。厳しく叱ると思いきや先生は、窓辺の一房のぶどうを採って、その子に手渡すのです。あの時の先生の白い手とぶどうの青紫の美しい色を、今も忘れることはないという話なのです。ああ、一度でもこんな叱り方はできないものかと思いましたが、なかなかそううまくはいきませんでしたね。

新美南吉もしばらく代用教員をしていました。教室に入ってくると、さっきの板書を小さな子が、背が足りないので、跳び上がり跳び上がりして消したのでしょう。まだ上の方には消し跡が残っていたのです。南吉は、それを見て、その消し跡のなんと愛おしいことかと思うのです。私だったら「イスでも持っていって、黒板はきれいに消しておきなさいよ」と言ってるでしょうね。

それでも、たまあに、今日の叱り方は、子どもの心に届いたかなと思うことはあります。

「くるりん」の話で、一七頁で登場した勇太くんです。

学校帰りに信号を待っていたら、ケンカになり、ゆみちゃんに持っていた傘でたたかれたのです。徹底的に仕返ししたると家に着くまで石をぶつけまくったと言うのです。お母さんもカンカンに怒って、すぐ相手の家へ怒鳴り込んでいきたかったのですが、先生が「まずは先生に連絡してから」と言っていたので、心を鎮め、連絡ノートにびっしり書いてきたのです。

翌朝、まずはお母さん、よくとどまってくださったと感謝しながら、お互いの言い分を聴きました。ゆみちゃんは、勇太が妹の悪口を言ってちょっかい出して妹を泣かすから、腹が立って傘でたたいたと言うのです。「傘は悪かったけど、私なんかしょっちゅうたたかれたりしてるもん」とまた言います。勇太も何ら反省の顔も見せず、ふてくされてもう一回やったろかと言わんばかりの面構えです。

その時、ふっと浮かんだことがありました。「勇太のランドセルもって来てよ」と言って、ランドセルの蓋を開けました。そこには、この間生まれたばかりの弟の写真が時間割を入れるポケットに入っていたのです。それをみんなに見せながら、

「ゆみちゃんって、妹大好きで大事にしてること、何回も作文に書いてたから、みんな知ってるよね。その妹が泣かされたから腹が立ったんだね。でも傘でたたいたのは、あかんなあ。それは、ちゃんとあやまり」

と言うと素直に頭を下げました。

「これ見てごらん。勇太とこも三人目の弟がうまれて、『かわいいで』って教えてくれたことあるんやで。その弟の写真、ほら、カバンに入れて毎日学校へ連れて来てやってるねんで。勇太もええ兄ちゃんやろ、ゆみちゃんと一緒やなあ」

と言うと、友だちが、「先生、先生、勇太泣いてる」と言うのです。ヒョイと横を見ると、本当です。まあかわいいもんです。「勇太もゆみちゃんの気持ちわかったんよな」と言って、キュッと抱いてやると体を寄せてきます。なにかつき物がとれたような爽やかな表情で、ピョコンと頭を下げて「ごめん」とあやまりました。

このいきさつと顛末を連絡ノートに書いて、ゆみの母親に届けました。

今日の叱り方は、心に届いたなと思いました。そんな時って、自分が感情的にならず、この子をなんとか賢くしたいと思って、賢明に対応したときでした。

また、こんなケースもありました。

子ども自らが、ケンカの話を日記に書いてきてくれ、それを話し合う中で、心が溶けていったという事例です。

ケンカ・トラブル・いじめ

④ ケンカの解決の仕方を学ばせる

三年生の三学期、三人組の女子がもめて、学校に行きたくないと訴えたできごとです。このトラブルを三人はどのように解決したのか、またこういうトラブルが起きた時、親はどう考え、どう対応していけばいいのかを学び合うチャンスにしたいと思ったのです。

なんと言っても、問題が外に出せたことが、まずは大切です。それも言葉で表現できたことがよかったです。日記という形で、先生に相談したいと書いてきたのです。こうした問題は、先生一人が解決できるものでもありません。三人の話をよく聴き、お互いの言い分を率直に語ってもらうことです。

次に大切なことは、中学年以上くらいになると、女子のグループが、他の人を寄せつけないという空気が出てきます。なので、この三人のトラブルを学級のみんなが知っていること、また今後もみんなの目で見守っていってもらうことが大事なのです。

そういうことを子どもたち自身も学び、親にも知っていただく機会にと願って、通信に資料のような形で、載せたのです。

そろそろ 女の子どうしのトラブル

オトナ どう解決するの?

ああ そろそろ四年生に近づいてきたなと思っていたことがありました。

思春期の入口からおこりはじめることの多い女の子のグループ内、またはグループ同士のトラブル

自我がめばえ始め、他人が自分をどう見るかが気になってしかたがない。仲良しの友だちを自分だけ、自分だけで独占したい。そう思って誰かをはじき出す。それがいじめにつながっていくという問題が生まれます。

人とぶつかり トラブったり 悩んだりしながら 自分さがしをし始めているのです。

これも大切な成長の証。

しかし、これが本物のいじめにならないためにもうまく しかも大人はきちんと解決の仕方を子ども達に示してやらねばと思うのです。

おとうのかんがえ

① トラブルが起こらないように 起こさないようにと大人が見まわりしてしまったら、大切な経験がなくなります。(それに トラブルは 成長の栄養なのです)

② トラブルを起こす子は悪い子だと子どもに思わせても、その子も感じていなければ必ずちがう形でバクハツします。

③ 人と人がいっしょに生活するのですから、それぞれちがう意見をもった、性格の違った人と人がいっしょにいるのですから、トラブルは必ず起きるものなのです。トラブルをこわがらず どーんと大きく受けとめましょう。

(トラブルが起きた時、勝ち負けから話しあうことで人間関係を日常の中でつくる。先生も一緒)

④ 子どものSOS、からだの不調は、すぐにキャッチし、問題を引き出すことが大切です。

トラブルを成長のきっかけにして、人とのつきあい方を学ぶチャンスに。そして成長が!

今回の女子のトラブルから学び合ったこと

(三人の子グループの仲間はずれ)

① 悩んでいた本人がきちんと日記に書いて訴えたこと(親のアドバイスもあり)

これが問題が外に出るきっかけを作ってくれたのです。最も大切なことです。

② 三人と先生で話し合いました。当事者がみんな本当のことを話してくれたことが何よりでした。

正直に言うのは勇気がいるよね。

そして、相手に言いたかったことがきちんと伝えられたことも。

もう一つは本人以外は加えず話し合いにとどめたことの大切さ。

③ 三人のトラブルをみんなに話していいか確かめた。(三人の中だけではうまくいかないので みんなの力を借りたい)

「私はまだ力がたりないから みんなにも力を借りたい」

と、またひとつ勇気を出してみんなに話したことも。

この三つのことを クラスのみんなが学びました。

これからもトラブルはあるでしょう。あるのが当然。それを見のがさずキャッチして、育ちの場に変えていきたいもの。担任とおうちの方で力を合わせてささえながら、これからもしっかり見ていきましょうね。

3の1 土佐班

まじょレター

2.26 No.265

⑤　ことばの力、コミュニケーション力を

自分をみつめる言葉、物を考える言葉、自己を表現する言葉、自己をコントロールする言葉、自分を主張する言葉、コミュニケーションする言葉、人間らしい感性をはぐくんでいく言葉……こんな言葉の力をつけていく取り組み、とりわけ書く力をつけていくことが大切です。

場所取り

竹田英司

ぼくは、柿本君と遊ぶときは、いつも大宮神社でドッジボールをします。そしたら、いつも、五年生のおにいちゃんがいっぱいきて、ぼくらの場所を取ってしまいます。だから、ぼくらが、

「ぼくらがさきにとっていたから、のけ。」

と、もんくを言います。だけど、

「ばかやろう。五年にもんくいうな、どけ。」

と言いかえしてきます。

ぼくらは、しつこく言いかえします。だけど、五年生だから、ぼくらのてにはおえません。だから、よこのほうへにげます。さいごには、

「のけ、のけ、しっしっしっ。」

と、三年だから、ばかにして言います。いつもそうです。

そして、おとついのことでした。ぼくらがドッジボールをしていたら、また五年生が来て、

「のけ、のけ、しっしっしっ。」

と言いました。しかし、いつもとちがって、柿本君が、よこのほうへひきさがっていきます。柿本君は、何か考えているようでした。ぼくは、

「おこってんのん、ちがうかな」

と、一人ごとを言っていました。そしたら、柿本君が、みんなに、

「しあいせえへんか。そして、かったら、このばしょもらって、まけたら、このばしょわたそうか。」

と、いいました。そして、柿本君が、

「ひろ、おまえ、しあいもうしこめ。」

といいました。はじめ、ひろは、

「いやや、いやや。」

と、言っていましたが、さいごには、ひろが、

「じゃあ、言おうか。」

と、言って、がいやのおにいちゃんに、

「しあいしよう。」

と、言いました。はじめ、五年生のおにいちゃんは、

「いやべえ。」

と、いいましたが、おわりそうになると、がいやのおにいちゃんが、

「みんながやると言ったら、やったるわ。」

と、言いました。

そして、みんながやってくれることになりました。そしたら、柿本君が、

「ぼくらがかったら、このばしょはもらうが、まけたら、このばしょわたす。」

と、言いました。

そして、五年のみんなが、

「よし。」

と言って、やることになりました。

ぼくらは、さいごにまけました。そして、この場所を五年生にわたしました。


（大沢学級）

⑥　成長していると実感できる取り組みの中でこそ

ケンカの話し合いを重ね、楽しいイベントをやっていても、もう一つ集団づくりがしっくりこないことがあります。

それは、学びを通して一人ひとりの子どもたちが、自分が成長していると実感できていない時なのです。勉強がわかった、何かが努力してできた、誰かの役に立つことができた、ケンカの解決が自分たちでできた、

友だちが増えて楽しく遊べるようになった……と、自分の成長が自分で確認でき、それがみんなの中で認められた時、子どもは、すくっと育っていくのです。

7　一人ひとりに出番

トラブルがあり、ケンカがあっても前向きに解決していける学級は、日常的に一人ひとりに出番があり、つながり合っていく取り組みがあってこそなのです。

今まさに作文教育の出番だと言われています。作文教育は、こういう学級をつくっていくきわめて重要な取り組みなのです。

「日記や作文を読み合ってつながる」の項で書いているのでここではくわしく述べません。勉強していきたいという方は、拙著『どの子にも表現のよろこびと生きる希望を』をぜひ読んでみてください。

8　いじめ問題――どう見ぬき、どう対応するか

ケンカ・トラブルの話をいろいろ書いてきましたが、いじめとなると質が違います。人を死に追いやることもあるいじめ、一生心に傷をおわせ、実は、脳にも傷をつけるといわれているいじめ問題、教師として、

いや人として、決して許すことのできない重大問題なのです。

「その一」でも書きましたが、今日、子どもたちは、様々な不安・悲しみ、イラだちを抱えています。その袋が爆発すると、攻撃性があらわれると言われます。自分に向かえば、自殺です。外へ、他人へ向かえば、他者攻撃、他殺にもいたります。

いじめの温床は、確実に今増えているのです。学力競争と能力主義で、追い込まれた子どもたちの言動が、どうぞ、いじめに向かわないでと願いますが……。

① 見えにくいいじめを見ぬくために

ほんとうに仲の良さそうな六年生の五人組。いつも一緒。ある日トイレ掃除から帰って来たら、どの子も洋服が濡れていたのです。ところが保子が一番濡れていたので、本人に理由を聞いてみても、笑顔で、「一番近くにいたから」と言うだけ。夏のプールで、保子が何度も投げ込まれていたので、聞くと「私、投げられるの大好き」と笑うのです。う〜ん何かあるのではと思うものの、本人は、笑顔でケロッとしているのです。親に聞いても変わった様子はないと言います。しかし、クラスの中で、五人だけが別行動をとるのは、気をつけなければと思っていました。

それからしばらくしたある日、授業時間が始まったので、教室に入るとシーン……これって何？ さっきまで何かあったのです。しかし、誰も口を割りません。自分が口を割れば、次は自分がターゲットになるという恐怖は、固く口を閉ざさせるのです。

いじめは、教師に見えにくくても、子どもは、みんな知っているのです。その子どもの声が教師に聞こえてくるためにどうするか、ここがポイントです。先生に言っても安心という信頼関係を日常的に作っていくことは、当然大切です。と同時に、声を上げる手だてを持っていることです。私の場合は、各自が日記帳を持っていたり、「先生きいて」という先生への手紙のようなものがありました。レターボックスを作って、先生以外は開けられないようにしておくのです。

もちろん日常的に子どものことを知る努力を続けていかなければ、あれっおかしいぞ！ということには、気づきませんね。

② いじめられている子が SOS

いじめられている子が、「やめて！ 助けて！」と言えたら、いじめは半分以上解決に向かいます。これがなかなか言えないから深刻なのです。いじめられているみじめな自分を親に話して、親を悲しませるのは一層辛いのです。死ぬくらいなら、なぜ助けてと言わなかったのか……と思う事件も多々ありましたね。

私も決してうまくいったわけではありませんが、五人組のあの保子は、きっといじめにあっていると感じていましたから、ずっと寄り添って、「イヤなことがあったら言うんだよ。必ず先生守ってあげるから」というメッセージを伝え続けていました。私が保子の母親と仲良くしていて、一緒に守ってくれるという安心感もあったのでしょう。

ある日、意を決して、日記帳に、「先生、助けて、休み時間は、職員室へ行かないで教室に一緒にいて！」と書いてきたのです。

これが、いじめ問題が、みんなの中にオープンにされ、解決に向かう大きな一歩になったのです。ただならぬ静まり返った教室で、私は、この日記を読みました。読みながら、長い間こんな辛い思いをさせていたのか、もっと早く気づいてやれなくてごめんね、ごめんねと自分を責めながら泣いて詫びました。なりふり構わぬ自分の姿でした。

③「私もやめたかった」加害者の叫び

翌日、加害者のゆきも日記を書いてきました。

「何度やめようと思ったか、でも仲間がいたら、やめられませんでした。それに保子は何をしても『やめて』と言わないのが、ムカついて、もっとひどいことをしたら言うかなと、だんだんエスカレートしてきました」と。

そして、そのいじめという行為の背景に、彼女のSOSがあったのです。家庭の問題と同時に、よい高校へよい大学へと学力一辺倒に追い込まれていく生きづらさが、いじめという形で爆発していたのです。いじめの加害者もまた被害者なのです。この加害者の不安、淋しさ、イラだちに寄り添うことぬきにいじめの解決もないだろうと考えさせられたことでした。

その日、私は、ゆきと二人で話をしました。保子の何にムカついたのかをじっくり聴きました。そうか、そんな気持ちだったのかわかったよ。でもね、あなたのしたことは、人間としてやってはならぬことをしたんだと語気を強めて言ったのです。そしたら、興奮したゆきは、私に手をかけたのです。メガネが吹き飛びました。なぜか腹が立つというよりも、この子の悲しみや淋しさがせまってきて、思わずゆきを抱いて、「大丈夫や」と言いながら、二人で泣きました。

あの日のことは、昨日のことのように覚えています。

いじめという行為の向こうにある子どもの悲しみを身体で感じた日でした。

④「いじめられたあなたにも原因がある」は、崖から突き落とす言葉

大学で、いじめ問題について講義しました。学生たちが、自分の体験を吐き出すように書いてきたのです。今もその心の傷は癒えず、人間がこわいと苦しんでいる人は何人もいました。何度も泣きながら学生のレポートを読みました。その中に「自分がいじめで死ぬほど辛かったとき、先生に『いじめられているあなたにも原因があるでしょ。それを変えていくことも大切です』と言われた辛さは、一生消えない」とありました。

寅さんじゃないけど、「これを言っちゃあ　おしまいよ」のなのです。

いじめられている子を崖から突き落とす言葉なのです。何があっても、いじめという行為は許せないのです。その立場に立ちきることです。いじめられている子を無条件に救い、守ってやらなければと思います。命を守る、私たちの最大の役目です。

⑤傍観者の思いもいろいろ

「傍観者のお前らが一番卑怯だ」と言って、先生に責められて、先生って私らのことちっともわかっていないんだとショックでした」という学生の言葉が目に止まりました。ドキッ！　私もかつて言ったのではないだろうかと。

そうですよね。傍観者的な立場にいた多くの子どもたちの思いは、実は、様々なのです。全く関係ネェという無関心層、かかわりたくないと逃げている層、気になるけどどうしようもないというあきらめている層、

声を上げたいけど今度は自分がターゲットになると恐いからという層、なんとかしなければと毎日毎日悩み、苦しんでいる層、以前に一度「やめたら」と言ったら、大変なめに合わされて、身動きとれなくなっている層……と様々なのです。一方的に責めないで、それぞれの思いを聞いてやりたいと思います。

⑥ いじめにかかわる子らにばかり目がいって

いじめ問題が起きると、そこにばかり目がいって、他の子どもたちに心が届きにくくなることが、ままあるのです。するとどうなるでしょう。その子たちが、私の方にも僕らの方にも向いてよと行動を起こします。いじめてる子に、もっといじめろとけしかけたり、授業妨害をしたりして、教師を困らせます。その言動に腹を立て、感情的に怒ったりすると、一層反発し、反抗的な言動をエスカレートさせ、教室全体が崩壊状態になっていくこともあります。

ぼくらにも、わたしらにも心向けてよというサインをしっかり受け止めて、自分をふり返ってみたいです。そうか、私は、いじめ問題で余裕をなくしてみんなの子どもに心が届いていなかったなあ。ごめんねと。

⑦ 話し合った後の、子どもが主体者になる取り組みが大事

いじめがオープンになり、学級のみんなで話し合い、いじめをやめようと一件落着しました。いじめは、これで解決したのではありません。その後、加害者も被害者にも、学級の中に出番があり、新たな人間関係をつくりながら、前に向かって進んでいける取り組みが必要なのです。しかも、それは、一方的に教師がすすめていくのではありません。子ども自らが主体者になって進めてこそ、本物になっていくのです。

みんなで力を合わせて楽しいことを創り上げていく、そのプロセスこそ、それを育んでくれます。先述の保子たちは、学習発表会の劇の脚本作りから劇を成功させる取りくみと、卒業式と卒業アルバムを自分たちの知恵と工夫でつくっていくという取り組みをぐって新しい仲間づくりをしていったのでした。

⑧ いじめはなくなる？ いじめは解決する？

人と人が集団で生活をしていく、しかも、今の社会、勝ち組・負け組と競争をあおられ、経済格差も大きく、働きたくても働くところもない社会。食べていくことすらままならないのです。子どもたちも競争、能力主義に追い込まれている今日です。大人も子どもも生きづらさを抱え、もがいています。この社会で、いじめがなくなる、そんなことはないでしょう。増える危険性さえあります。

しかし、いじめは、早めにみつけ、きちんと対応していけば、必ず解決すると思っています。いじめを受けた子の心の傷がなかなか癒えないということは、あるにしても……

教師は、このいじめ問題には、毅然と立ち向かっていく力をつけていきたいです。

（参考「いじめで遊ぶ子どもたち」村山士郎著　新日本出版社）

いじめの加害者だったゆきとの後日談です。ゆきは、早く結婚しました。その結婚式に招いてくれたのです。そして、私の初孫ができた時、誰よりも真っ先に赤いチェックの毛布をお祝いに送ってくれたのでした。教え子の長い人生につき合わせてもらえるありがたい仕事だなあと思います。

9 文化のある教室、個性のある教室を

最近とみに、掲示物をそろえましょうという動きがあり、どこの教室も同じ。差があると親からクレーム?!

オイオイ！　どこの家も同じ、どの人も同じ服装？　これって不気味じゃありませんか、個性を大事にしようと言われているのにおかしいですよね。

一人ひとり人間が違うように、人間の育つ教室も「みんなちがってみんないい」のです。子どもたちが気持ちよく、楽しく、安心して生活し、学習できる教室環境を作っていくことは、集団づくりに大切なことなのです。

ところが、先生の手できちんと整理され、子どもの活動が見えない教室もあります。反対に、子どもまかせ、いやほったらかしと言ってもいいでしょうか。床はごみだらけ、同じ掲示物がいつまでも貼ってあり、あちこちはずれて、垂れ下がっています。時には、水槽にカエルが死んで、くっついている教室さえありま す。子どもが持って来てくれたらしい花は、廊下のバケツに突っ込んで枯れたまま、これでは生きた子どもの生活や学習の場にはなりません。荒れた教室では、子どもの心も荒れていきます。

教室の掲示、環境づくり

それぞれの教室には、そのクラスらしい個性があり、生きた文化があるところであってほしいのです。にぎやかな教室ですが、子どもが活動しています。

①黒板……いつもきれいに拭いておく。学習の舞台。らく書きは禁止。
②みんなで作る時間割……一コマずつ一人ひとりが分担して作った。
③私のねがいをこめた詩……墨で、詩を書いている。
④プロの作品……絵や書、きり絵などプロの作品で本物に出会う。あるいは、その写真。
⑤給食当番表……一人ひとりの名前の上に自分の顔がついている。それを当番の袋の中にさし込む。
⑥花……花はいつもかかさない。野の草花も美しい。花や草花の話をよくしてやる。
⑦手作りカレンダー……卒業生からのプレゼント。
⑧提案……みんなから出された提案の中味を書き込んでいき、実現可能なものから実施へ。
⑨学年だよりと学級通信を貼っていく。
⑩掃除当番表……ルーレットにして、毎週ずらしていって当番を決める。
⑪本棚……若い頃から買い貯めてきた絵本、息子たちが読んでいた本、親からいただいた本などどっさり並んでいる。手を伸ばせはいつも本がある環境。みんなの毎月の作文集もファイルに、本作りクラ

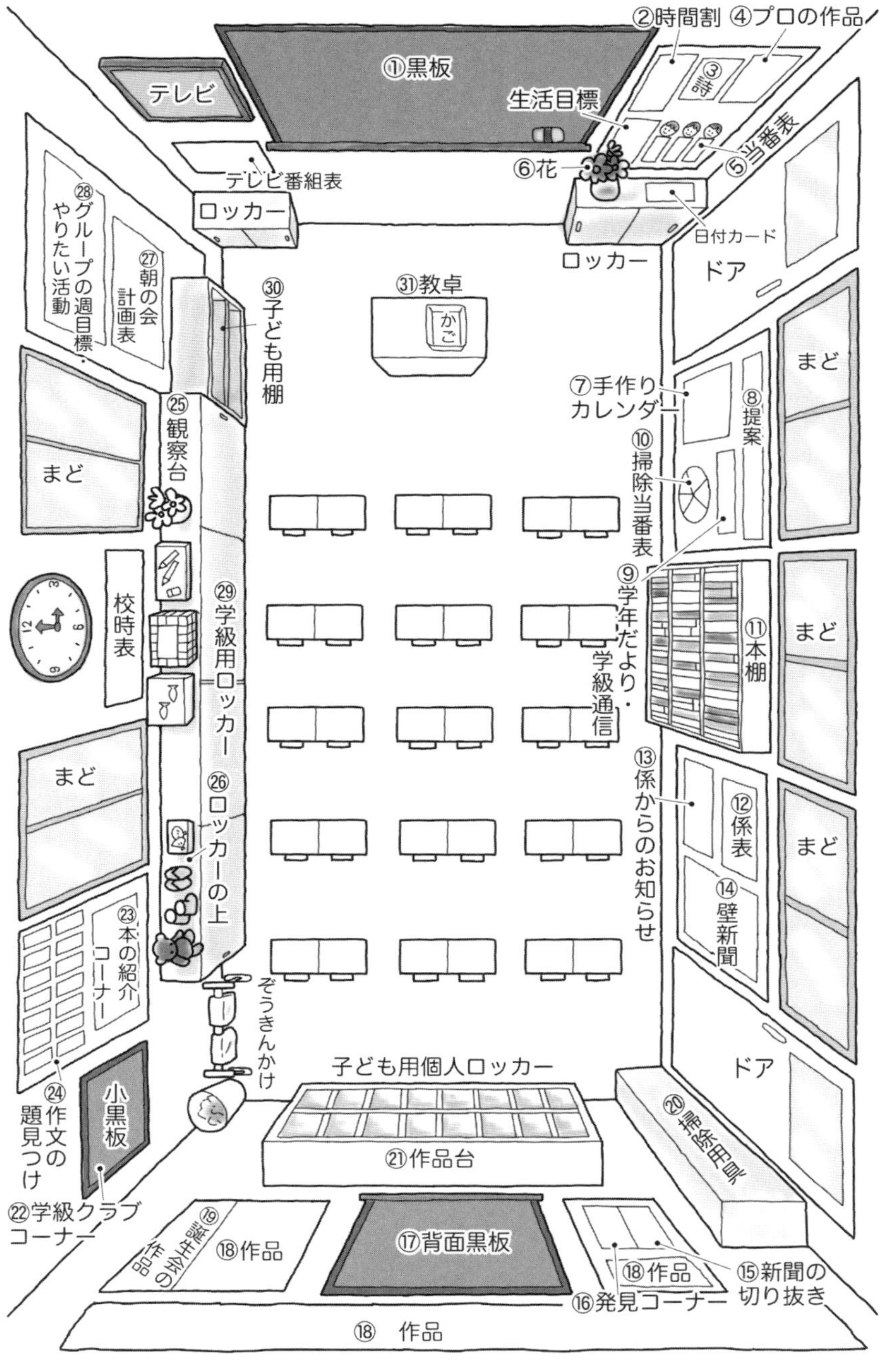
①黒板
②時間割
③詩
④プロの作品
生活目標
⑤当番表
⑥花
テレビ
テレビ番組表
ロッカー
ロッカー
日付カード
ドア
㉛教卓
かご
㉚子ども用棚
㉘グループの週目標・やりたい活動
㉗朝の会計画表
まど
⑦手作りカレンダー
⑧提案
⑩掃除当番表
⑨学年だより・学級通信
⑪本棚
㉕観察台
まど
校時表
㉙学級用ロッカー
まど
㉖ロッカーの上
⑬係からのお知らせ
⑫係表
⑭壁新聞
まど
まど
㉓本の紹介コーナー
ぞうきんかけ
子ども用個人ロッカー
ドア
㉔作文の題見つけ
小黒板
㉑作品台
⑳掃除用具
㉒学級クラブコーナー
⑲誕生会の作品
⑱作品
⑰背面黒板
⑱作品
⑮新聞の切り抜き
⑯発見コーナー
⑱ 作品

●教室の配置例

ブが作った手作り絵本や紙芝居なども。

⑫係表……各係の活動計画や工夫をしていること。

⑬係からのお知らせコーナー……お知らせやおねがい、「今月の誕生会は○月○日だよ、グループで出し物の計画を。今月のかべ新聞は、サンタさんにもらいたいものコーナーです……等。

⑭毎月新聞係の発行するかべ新聞、大きなサイズの時は、廊下に貼ったりもする。

⑮新聞の切り抜き、ニュースコーナー……新聞からみんなに読んでほしい記事を切り抜き、自由に持ってきて貼る。ニュースがあれば書いて貼る。社会的なニュースもあれば、個人のニュースも可。

⑯発見コーナー……いろいろ発見したことをみつけては貼る。〝ダンゴムシがいっぱいいるところ発見〟〝講堂の横にビワの実がなってるで！〟

⑰背面黒板……ここは、詩のコーナー。月に二〜三回書きかえて、みんなで音読したり、視写。それと、掲示係が毎月季節にあった掲示物を作ってきれいにレイアウト。

⑱絵や書写の作品を展示……いつまでも同じものを貼らない。作品ができたらすぐに貼ってみんなで鑑賞する。

⑲誕生会の作品……グループで作った紙芝居とかペープサート、指人形などを展示。

⑳掃除用具・掃除点検表……掃除は、細かいところまできちんと点検、チェック表を当番のリーダーがつける。

㉑作品台……粘土や工作など子どもたちの作品を陳列。

㉒学級クラブコーナー……学級クラブで作った作品を提示して交流する場「○○クラブを作ったよ、入

りませんか」と加入呼びかけ。
㉓本の紹介コーナー……こんな本おもしろかったよと紹介する。
㉔作文の題見つけ……毎月一回書く作文の次の題がみつかったら貼っていく。
㉕観察台……生き物、虫や花、落とし物入れコーナーも。花や草木を育てていて栽培係が世話。
㉖窓辺のロッカーの上……あちこち出かけてきたみやげ品。土地の民芸品など各地の文化を持ち込む。鹿児島の火山灰、三重の真珠貝、信州でもとめたゆき下駄やわらぐつ等々。ぬいぐるみ人形も置いておく、抱く、かわいがる体験。劇にも使用。
㉗朝の会計画表……先生が行く前の自分たちが運営する朝の会の内容、計画。
㉘グループの週目標やみんなでやりたいこと……かっちゃんの漢字再テスト合格するよう助ける。誕生会の出し物の練習。木曜日集まろう。
㉙学級用ロッカー……マジックやハサミ、のり、ボンド、色画用紙、折り紙等、子どもたちが使いたいときに使えるように箱やカゴに分類して入れる。また、ノートを忘れた人用のプリントや「休んだ人へのおたより」も用意。
㉚子ども活動用棚……係活動や学級クラブなどの製作途中の作品などの保管場所。
㉛教卓……日記、連絡ノート、プリント、漢字練習帳、視写ノートなど宿題の提出カゴ。向きを揃えて提出のこと。

本の好きな子に

ある学校の授業研究会に共同研究者として寄せていただいた時のことです。早く着いたところ、二年生の先生が、「子どもたちが、話が聞けなくて、いつも騒がしいんです。子どもの様子みていただけませんか」と言われるので、その教室へ出かけていきました。うんうん確かに元気いっぱい。一言一言に反応して、なかなか賑やかです。勝手気ままに私語をしている子もいます。そこでちょっと時間をいただいて。「お話おばさん」登場です。

「『ギィーギィードア』(前出四一頁)のお話をするからね。聞いてくださいね」と言うと。「あんた誰?」「ギィーギィーやて」ワァーッとなんとも賑やかです。注意もせず、にこにこ話を続けました。「むかし、あるところにトミーという男の子がいました」「トミーやて。二組のトミヤンやー」とまた騒然。動じず、「そうか、よく似た名前の子がいるんやなあ」話を続けます。「ある日、トミーは、いなかのおばあちゃんのうちへ遊びに行くことになったのです」不思議なことに、子どもたちは、次第にお話の世界に引き込まれていって、一緒にワァーッと驚いたり、大笑いしたり、すっかり話の聞ける二年生なのです。お話のもつ力にあらためてびっくり、一番びっくりしたのは、担任の先生です。「いやあ!この子ら真剣に話きいてますね」と。

そこで、この先生におもしろい本や紙芝居をお貸しして、演じ方・読み方を少しアドバイスすることにしました。『だめよ、ディビッド!』(ディビット・シャノン　評論社)という本を紹介しました。早速、この若い先生、本を読む前には、目をつり上げて、高い声で叱らないで、「聞いてね」と優しくにっこり。子どもたちを前の方へ寄せて、読み始めていくのです。なんと子どもたちが、のってくれて、「ああおもしろかった。先生明日も読んでや」と言ってくれて、泣けてきたと言います。「先生本読んでね」は、「先生大好きだよ」の言葉のかわりです。一日騒がしい中でも、この本読んでる時は、静かに聞いてくれるようになったと言います。言葉に耳を傾けてくれるようになったら大したもんです。先生もまたこの時間は、ほっとして、幸せな時間になれば、元気が出てきます。

教室に文化の風が吹くと落ち着くのです。

私は、終わりの会が終わると、日直さんが「それでは、先生に本を読んでもらいます。前に集まってください」と言ってくれるので、そこで読み聞かせをしてきました。

そして、読んだ本の題名と作者を書いたカードを教室に掲示していきます。低学年の場合は、それに子どもらが絵を描いてくれます。本が話題になります。図書館へ行くと、「あっ、この前読んでくれた、とみやすようこさんの本や。次これ読んで」と、作家のこともよく知っていきます。

私は、若い頃から、絵本を集めていて、新刊も求めますが、古本屋で安く手に入れもします。息子たちが読んでいて、もう読まなくなった本も学校へ持って来て、教室ライブラリーを作っています。いつでも手を伸ばせば本がある教室です。作業が早く終わると本を読む。机の中にいつも読みかけの本がある日常を作っていきたいと思ってきました。おもしろかった本は、友達に紹介するカードもあります。読書記録カードを各自が持っていて、自分の読書の記録もしています。「読書貯金カード」といって楽しんでいました。私が読んでいる本も紹介したり、書き出しだけ読むこともあります。私もいつもカバンの中に読みかけの本が入っていて、先生も読書のある生活を楽しんでいることを知ることも刺激になります。

子どもに読んであげたい本

低学年

『あっちゃん あがつく』 さとうしのぶ
『どうぶつ ぶつぶつ』 川﨑洋
『うんちっち』 エテファニー・ブレイク
『のみの ぴこ』 谷川俊太郎
『おかあさん げんきですか』 後藤竜二

中学年

『のはらうた シリーズ』 工藤直子
『のらねこソクラテス シリーズ』 山口タオ
『だじゃれ日本一周』 長谷川義史

高学年

『恋(れん)ちゃんはじめての看とり』 國枝康弘
『いのちのおはなし』 日野原重明
『せかいいち美しい ぼくの村』 小林豊

ことばで遊ぶ、詩を楽しむ

早口ことば、回文作り、詩にリズムをつけたり、節をつけて歌う、まねっこ詩を作る。いつも背面黒板には、詩を書いて、音読、暗唱、視写をする等、教室を言語環境で豊かにしていきます。

いろんな　おとの　あめ

岸田衿子

あめ　あめ
いろんな　おとの　あめ

はっぱに　あたって　ぴとん
まどに　あたって　ぱちん
かさに　あたって　ぱらん

ほっぺたに　あたって　ぷちん
てのひらの　なかに　ぽとん

こいぬの　はなに　ぴこん
こねこの　しっぽに　しゅるん
かえるの　せなかに　ぴたん
すみれの　はなに　しとん
くるまの　やねに　とてん

あめ　あめ　あめ
いろんな　おとの　あめ

※この行間に子どもたちが作った言葉を入れていく。
「ランドセルにあたってぽろん」
「けんちゃんのあたまにぴちゃ」など

雨の季節、朝から雨で、子どもたちも落ち着かず、ガサガサ、ちょっとことばで遊びます。

岸田衿子さんの「いろんな　おとの　あめ」の詩を読みます。

はじめは、私が、「はっぱにあたって」と読むと、一人の子が、「ぴとん」と表現して読んでくれます。次の子がまた、「まどにあたって」と言うと、少し高い声で「ぱちん」と読んでくれます。こんなふうにして、音で楽しむ詩です。

さて、その次、目をつむって、雨の音を聞きます。「あれ、何にあたってるのかな」「あっ鉄棒にあたってる」「植え木鉢にあたってる」「どんな音かな想像してごらんよ」一人ひとり「〇〇にあたって〇〇」というのを作って、発表していきます。私は、「くるまのやねに　とてん」と「あめ　あめ　あめ」の行間を大きくあけた拡大したプリントを前に貼り、その行間に子どもの発表したことを書いていきます。

「ランドセルにあたって　ぽろん」

「てつぼうにあたって　ピンピン」

「けんちゃんのあたまに　ぴちゃっ」

ひとつひとつ笑い声が上がる中で、板書していき、最後に、子どもたちの作った言葉も入れて、詩全体を読んでいきます。

雨もまた楽しいのです。

「かっちゃん生きとってよかったなあ」――誕生日を祝う会――

毎月、子どもたちの命の誕生を祝う会をずっと続けてきましたが、その取り組みは、今日新たな意味を持ってきていると思うのです。殺す、殺される、自ら命を絶つ、こういうことが日常茶飯事のことになり、生きていることと死ぬこととの間の壁が、とても低くなっているのではと思うことが、しばしばです。一度死んでも生き返ると信じている子もいます。「生まれてこんかったらよかった」と言う子も増えました。こんな今だからこそ、一つの命の値うち、重みをみんなで祝い、実感する取り組みを教室でやりたいのです。

そこで私は、誕生日を迎える子に、「生いたちの記」というプリントを渡し、家族に取材したり、直接書いていただいたしてきました。名前のいわれ、小さい頃のエピソード、誕生の時の親・家族の思い、誕生日に寄せる言葉等です。

月に一回クラスで誕生会をします。誕生日が少ない時は、二か月に一回の時もあります。グループごとに、何か出し物を準備してもらい、みんなで楽しみます。そして「生いたちの記」を紹介するのです。

二年生の時のことでした。

かっちゃんは、小さい頃、大きな病気をして手術をしました。その時の親の思いを切々と綴ってくださったのを静かに教室で読みました。病院のスリッパにまで手を合わせ、「助けてやってください」と祈ったお母さんの思いに触れ、読んでいる私も泣けてきます。読み終わると、ともくんが

「かっちゃん、よう生きとったなあ。よかったなあ」と言うのです。

するとかっちゃん、服をまくり上げて、手術の跡をみんなに見せてくれたのです。

「生きとってよかったなあ」とまたつぶやくような声、「先生、かっちゃん泣いてる」

「そうか、そうか。かっちゃんなあ、悲しくて泣いてるんやないで、嬉し泣きや。人間はなあ、嬉しい時も涙が出るんやで」

四十人担任していると、一人の子が四十分の一に見えたりします。しかし、この「生いたちの記」を読んでいくと、一人ひとりどの子もが、かけがえのない命だと感じてきて、いとおしくなります。親の思いや願いが伝わってきてどの子も粗末にできんなあと響いてくる時でした。

こんなひとときを持った後、にぎやかにグループごとの出し物を楽しみます。クイズあり、手品あり、ペープサートや短い劇、人形を使った劇、紙芝居、手作り絵本を読むなどいろいろです。忙しい子たちが、放課後残ったり、どこかの家に集まったりして準備してくれました。

しかし、今現場は、ますます多忙になり、こんなことやってる暇はないと言います。学期末のおたのしみ会など、以前はどこのクラスもしていたものですが、終業式の前日まで、遅れた授業を取り戻すとまだ授業

●Ｂ４の用紙に拡大コピーして使ってください。

に追われているクラスもあります。しかし、しかしです。これに追われ、教室から文化的な取り組みが消えてしまえば、子どもは一層ギスギス、落ち着かなくなり、勉強そのものも集中して取り組むことができなくなります。時間のやりくりを工夫して、取り組んでいきたい今だと思っています。

「せんせいあそぼ」

子どもたちに、「どんな先生が好きか」と聞くと、「遊んでくれる先生」が一番です。

しかし、これまた先生も時間も体力も心の余裕もなくて、子どもとなかなか遊べないと言います。丸つけもあるし、ケンカの後始末もあるし、親からの頭の痛い連絡帳に返事も書かなきゃ、帰りまでに提出する書類もある、次の実験の準備も……あ〜そんな暇ありませーん。という声がここまで聞こえてきます。中には、若い先生の中にも、いつもパソコンの前に座っていて、事務的な仕事は、てきぱきこなすのに、「子どもとは遊べない」という人もいます。

教師の仕事って、恐ろしくなるほどたくさんありますよね。横に並べて、どれもこれもきちんとやろうとするとパンクしてしまいます。どこに力を入れ、どこで手を抜くか、これが最初は難しいものです。

大事なことには、手間ひま、心と時間をかける！　教育といういとなみは、即席ではいかないのです。その時間をかけることの一つが、子どもの心に近づき、信頼関係を築いていく、その最も近道が、子どもと遊ぶということなのです。若い先生が、子どもと一緒に本気で汗流して遊んでいる姿を見ると、うん、このクラス大丈夫と思えるのです。

しかし、遊ぶことはノルマではありません。校長に「遊びなさい」と言われ、ノルマで遊ぶ、これはおもしろくありません。子どもも、「みんなあそび」の時間だから、全員火曜日は○○、水曜日は○○、と決められ、遊ばないと叱られるというのでは、楽しくありません。先生も外へ出て来て、一緒に遊ぶのかと思いきや、壁にもたれて子どもの監視、トラブルになるとワーッと出てきて、「そこ何やってるんや、止めなさい」と怒鳴る。これって、おもしろくありませんね。子どもは、とても敏感ですから、すぐにその空気をキャッチするのです。

退職の年の、わがクラスの四年生の子らは、給食を食べ終わると、一番に終わった人が前へ出てきて、「今日何して遊びますか」と尋ねるのです。そこで今日の気分で、やりたい遊びと、チーム分けなどを決めて、先生は「Aに入ってください」と言われるので、「ハーイ」と一緒に出ていきます。

六十歳で四年生相手に「Sケン」を本気でやると疲れますよ。でもなんだかおもしろくて、ついつい、負けてたまるかと本気！　でも、この時の子どもらって、最高に嬉しそうなんですよね。やることいっぱいあるけど、このことには力を入れよう、時間をとろうと思ったことの一つが遊びでしたから、少し努力をし、退職の日まで遊んでもらいました。

今、孫たちと遊ぶときも、すべり台からすべり降りてくる孫を見ている時と、一緒にばあばもすべった時の顔、よろこびようは、全く違うんですから……ばあばも大変やで！

10　働くことをいとわない学級に――係活動・掃除

「土佐先生は、どんな時子どもに厳しくしますか」と尋ねられます。その一つが、働くことをいとわないということです。みんなのための仕事を自分だけ怠けて、やろうとしない。自分だけ楽しよう、さぼろうとする――これは許しませんということです。働くということは、人間にとって、いや人間だからこそきわめて大事な営みなのです。だから、ケンカしてたから、宿題を忘れたから掃除しなさいなどと罰を与えるなど、もっての外ですよね。掃除が、苦役になってしまいますからね。

子育てというのは、生きるすべをていねいに教え、やらせてみて、ほめて励ましていかねばと先輩から学びました。人間を人間にしていく教育には、こんな手間ひまかけた取り組みが必要なのです。

係活動の工夫

忙しくて、係は一応決めたけどほとんど活動していないとか先生にとって便利屋さんになる活動の子だけが、それも固定しておいた方がやりやすいからと、一年中同じことをしているという話も聞きます。

参観日前に配られた花が、水を替えないためにすぐに枯れ、しかも枯れてドライフラワーになって、腐っているのをまま目にします。

係の子に、水を替えさせたらいいのになと思いますが、その指導や、「水替えてね」の声かけすら余裕がないと言います。

毎日、やること、やらなきゃならないことは、恐ろしいほどいっぱいあります。その中で、余裕があったらやるでは、係活動も進みません。みんなのために働く活動を重視するから時間をとって指導をするという構えが大切なのでしょう。

①　どんな係を作ろうか

子どもと出会う前から、先生が係を決めておいて、これでやりましょうでは、子どもの活動にはなりません。

子どもたちに、どんな係を作ったらいいか意見を求めたいです。一年生なんかおもしろいですね。「火事を消す係、ケンカをとめる係、先生が忘れ物したら取りに行ってあげる係、泣いていたらなぐさめる係　等々」ほんとにその係がいるかなとまた意見を聞きます。ケンカとめ係はいるというので作りました。ところが、どこで起こるかわからないケンカ、係を呼びに行ってる間に、ケンカが終了……ハハハ。「ケンカ止め係やめようや」とやってみて必要なければ、やめたり変更もします。

なかなか意見が出なければ、こちらから、前持っていたクラスには、こんな係があったよと紹介し、ヒントにしてもらいます。

②　こんな係が、こんな活動を（三～四年生の例）

工夫して活動を創造していけるものを係にしています。窓をあけるとか黒板を消すとかの機械的な活動は、日直がやります。

- ◦集会レクリエーション係（たん生会の計画・様々な遊び、お楽しみ会の計画・立案・運営）
- ◦掲示係（教室の掲示一切を担当、毎月季節にあった掲示物を作って飾る。作品の掲示。お楽しみ会の時の飾りつけも担当等々）
- ◦飼育・栽培係（教室に生き物を飼い、その生き物のことを新聞にしたり、生き物ニュースを作る。世話はもちろん、花の水替え、草花を育て世話をしたり、花のことを調べてみんなに知らせる。給食に出たビワは、本当に芽が出るかの実験。たんぽぽの首は、一日何cm伸びるか、根の長さは？　を調べてみんなに教える。いろいろな種集め、チューリップも種ができるの？　と観察をする等々）
- ◦図書係（図書の時間の準備、貸出しカードや読書カードの回収。ブックトーク、読み聞かせ、おもしろい本の紹介コーナー作り、図書新聞の作成）
- ◦保健係（体調の悪い人の世話。保健室との連絡。健康について調べ、みんなに教える。どうしたらウンチがでやすくなるか、風邪の予防には、砂糖のとりすぎは、なぜ身体に悪いか、視力が落ちないために…）
- ◦メニュー係（毎日の給食のメニューを紹介しどんな栄養があるかを話し、クイズを作って、みんなを楽しませる）

○くばる係（ノートやプリントの配布・回収）
○スケジュール係（一日のスケジュール、今週や今月のスケジュールをみんなに知らせる）
○落とし物係（落とし物をみんなに紹介。記名をよびかけ、落とし物を減らす工夫。
○整とん係（机の中、ロッカーや靴箱の整理を呼びかけ、点検、例えば月曜日の全校朝会から帰って来ると、机の中の整とん。係がチェックしてきれいにさせる）
○体育係（体育の授業の道具の段取り、準備体操を運動に合わせて作りリードする。審判やできない子に教えるなども）
○新聞係（月に一回大きな壁新聞作り。記事はみんなから募集。七月だと「七夕のおねがい」シリーズ、夏休み明けだと「この夏三大ニュース」等々）

その他に、各教科係を作っていました。例えば、国語係は、授業のチャイムがなると前に出て、学習の用意をさせ、まずみんなで本読みをするのですが、そのリードをとります。詩の暗唱をさせたり、覚えにくい漢字があると、覚える工夫を紹介してくれたりもします。ミニテストを自分たちで作って、朝の会でやらせてくれたりもします。

算数係は、九九を覚えてない友だちの九九先生になって覚えさせてくれたり、わからない人に教える豆先生としても活躍します。問題を作ったり、ミニテストを作ってもくれます。算数博士の「おもしろ教室」をするときもあります。

こんなふうに各々の係がどんな活動をするかの計画を立てさせ、その内容を掲示の係コーナーのところに貼っておきます。

③　活動の時間の保障と点検活動を

これがないと子ども任せでは活動はストップです。

子どもたちの学校生活も忙しいので、時間をみつけてやりなさいでは、うまく機能しません。

そこで、せめて月一回は、学級活動の時間を係の活動をする時間にあてます。と同時に、その時、活動がうまく進められているかの相互点検をやるのです。

例えば、「国語係はどうですか」と言うと、

「準備とかカードの配りとかは、ちゃんとやれてるけど、好きな本の紹介コーナーをするって書いてたけど、やってないからいつするんですか」とか。

「新聞係は、六月分とかいうても、できたのが十日やから、やっぱり六月になったらすぐ貼ってほしいです」

係からもあります。「みんなに記事たのんだのになかなか書いてくれへんかったからです。協力してください。次のは、七夕のお願いを書いてもらうから、今月の二十五日までにこの箱に入れてください」

日常の生活の中に、係活動が意識され、みんなで活動をつくり出していくという空気をつくっていくことが大切です。

こういう活動を通して、学級はぼくらでつくっていくという意識が、自治能力として形成されていくので

す。

掃除活動の工夫

教室が荒れ始めると、きまって、ゴミが散乱し、掲示物が外れ、乱れた教室になっていきます。そして、子どもたちが、しんどいこと、めんどうなことはやらなくなり、掃除などからは、真っ先に逃げてしまいます。誰もやらなくなり、先生一人が、うつむいて箒で掃いている場面に出会うこともあります。

まず教師が、掃除という働く活動は、人間にとって大切な仕事なんだとしっかりととらえておきたいです。

① 掃除の仕方を教え、一緒に掃除を

教育という営みは、生きるすべを教えると書きました。今子どもたちは、家庭の中で、家族の一員として仕事を分担してやるということが激減し、お勉強さえしていればいいというふうになっていないでしょうか。何でも便利になり、箒も雑巾も使っていません。箒を持たせたら掃除機のように押していくし、雑巾を渡したら拭いてすんだらゴミ箱へ。オイオイ使い捨てにしないでよという状態です。だから、箒の使い方や雑巾の洗い方絞り方も教えなければ獲得できないのです。「掃除やっとけ」で、先生が、掃除活動を一緒にしなければ、子どもたちは、掃除はしないし、上手になりません。「またさぼって、水遊びしてる」と説教を繰り返していても疲れるだけです。

一年生では、箒を私が持って、アヒルのお母さんになって、一列に並ばせ全く同じ格好で後ろについて来

させて、掃き方を教えます。埃が子どものロッカーに入らないように、まず机を全部前へ運ばせ、後ろから前へと掃いていかせます。ゴミを引きずらないように机は、二人で運ぶようにします。

雑巾の拭き方、洗い方、絞り方は、は～しんど！　疲れますが、四月には、必死で教えます。今日は一番から五番の人を手洗い場へ連れていって、ていねいに指導です。次は、その五人が六番から十番までの人に教えるのに付き合います。こうして最初に教えておくと、一年間、どんどん上手になっていきます。拭き方も、雑巾をたたんで裏と表を使ってと教えてやらないとぐちゃぐちゃの雑巾でなでているだけです。

生きるすべですから、上手になっていくのをうんとほめて励ましてやりたいです。

②　掃除の後の点検活動は毎日

それぞれの掃除場所ごとに、どこを掃除すればいいのか、どんな掃除の仕方をしたらいいのかがわかる点検表を作りました。

その掃除グループごとに、リーダーを立候補や推せんで決めさせて、その人が、終了後にみんなを集めて、そこで点検表にチェックします。×印のついたところは、やり直してから、掃除終了です。その点検表を毎日、私に提出、私も目を通します。上手な掃除の仕方をみつけると、みんなに紹介します。

働くことをいとわない人は、素晴らしい人間だときちんと評価します。毎日テストで百点をとっても、掃除をさぼる人は、人としての値打ちは、半減するんだと、それこそ説教もします。

みんなで働いて、きれいにした教室で勉強するのは、気持ちがいいねという感性を育てていきたいです。でも先生の机の上が一番きたなかったりして、トホホですが、先生も片付け上手に育ててもらうのですよね。

□ はん

教室そうじ点検表

〈 月 日〜 日〉

リーダー（ ）

	チェックするところ	月	火	水	木	金
1	窓をあけて掃除を始めたかな					
2	机は2人で前から後ろへ運んだかな					
3	ほうきの持ち方は上手になったかな					
4	すみの方にゴミが残ってないかな					
5	床はきれいにはけてるかな					
6	机はきちんと並んでるかな					
7	雑巾で机はふいたかな					
8	黒板はきれいになってるかな					
9	黒板のチョーク受けはふいたかな					
10	黒板消しはきれいかな					
11	ロッカーの上はふけたかな					
12	みんなの本棚　本の整とん ほこりがとれたかな					
13	先生の机の上もふいてね、たのむよ					
14	ほうきは、整とんしてなおしたかな					
15	雑巾はきれいに洗って並べてかけたかな					
16	時間内に仕事ができたかな					
17	みんなで協力して働けたかな					
18	リーダーは役割ががんばれたかな					

●Ａ４の用紙に拡大コピーして使って下さい。

③　当番は、いつ変えるの

いろいろ考え方もあるでしょうね。私の場合は、同じところを同じ人間がすると確かにプロ的になりますが、いろいろな活動も経験させたいし、第一子どもたちもトイレ掃除が楽しいからやりたいとか、運動場の掃除をしたいなど変えてほしいという要求があるので、毎週交代しています。四月の最初は、仕事を覚えさせて、次の人に教えられるようにするため、二週間くらい同じ場所をやらせることはします。

掃除や係活動など、みんなのために働く活動を嫌がらずやれる教室は、落ち着いてきて学習にも集中するのです。

11　「かしこくなった」と実感してこそ集団は本物になる

楽しく遊んで、ケンカもあるけど話し合えばすっきり、いろいろな文化活動や自主活動もするけど、自分が本物の学力が身につきかしこくなったという実感がないと、集団づくりは本物にはならないのです。

八尾に佐藤寛幸くんという青年教師がいます。「なにわ作文の会」という研究会で一緒に学んでいます。

新年度、不安でたまらないからとわが家にやって来たのです。三年生だというのに、文字の読み書きのできない子がいてケンカが絶えず、授業に集中できないというのです。

「心配する前に、その子のことをもっと知ろうよ。どんな子もかしこくなりたいと願ってるんだから。明日から一緒に遊んでおやりよ」と話すと、笑顔になって帰って行きました。

自己紹介をしてもらったら、その悠太くんは「ぼく、たのしいことがすき。ぼく、たいていのものは食べる」と言うのです。しかし、本当は彼はひどい偏食で、食べられないものが多いのです。「ぼくもたいていのものが食べられるようになりたい」と願っていると読み取る佐藤先生です。

学級で、クラスのみんなが日記や作文を書き始めました。佐藤先生はそれを毎日、子どもたちに読んでやり、語り合うのです。

悠太くんは、文字が書けません。でも彼も自分の思いを先生や友だちに聞いてほしいのです。「なぁ先生、オレしゃべるから字書いてよ」とやって来て、話し始めました。佐藤先生は、それを忠実に書きとめ、文章にしてやりました。

「今日、寺島と遊びました。それで、さい初に、中でおもちゃで遊びました」と書き言葉にしてしゃべるのです。

佐藤先生は、それを学級通信に載せて、またみんなで読み合いました。顔の表情がやわらかくなり、笑顔が生まれました。自分の思いが受け止められたことで安心したのでしょう。「ぼくも書きたいことあるねん」「ぼくも書きたい」という願いが一層あふれ出てきたことでしょう。

二学期のある日、何か不思議な絵の羅列を描いているのに気づきました。聞くと「悠太文字書いてるねん」と言うのです。なんと絵をつないで文を書いていたのでした。三日がかりで、悠太くんはこれを書き上げたのです。

この作文の題名をひらがなにすると、しゅりけんの「しゅ」、みかんの「み」、のりの「の」、しゅりけんの「しゅ」、みかんの「み」、足2本でパートⅡ。つまり「しゅみのしゅみパートⅡ」と書いたのです。

それから悠太くんは、佐藤先生やクラスの仲間の力も借りて、50音表を作成。「あ」は、あくびの「あ」、「い」は、いかの「い」、「う」は、うちわの「う」という具合です。この一覧表ができると、今度はクラスの子らが悠太くんに、絵と合わせて文字を教え始めたのです。

“悠太文字”で書いた初めての作文

彼は、自分の思いが伝わらずその度にキレていたのに、この頃から少しずつ落ち着いてきたといいます。

その後、悠太くんが文字を獲得していくドラマが始まりました。

文字の読み書きができることで、学習が可能になりました。自分の思いが文字で表現でき、それを学級の仲間が受け止めてくれるのです。

世界が広がりました。ものを考える力や認識する力が育ち、コミュニケーション能力が豊かになりました。

だからこそ自分をコントロールする力も育ち、何よりも自己肯定感が育ってきたのでした。人間らしい感情も豊かになりました。

人間が人間になっていくプロセスをあざやかに見せてくれた悠太くんの成長でした。

どの子もかしこくなりたい、勉強がわかるようになりたい、自分を表現したい、誰かにわかってもらいたいと願っているのです。その発達の道筋を保障していくのが教育です。

「あの子の一年間の成長ぶりには驚きますね。人間が文字を獲得するというのは、ああも子どもを変えるんでしょうかね」と校長先生の言葉です。

その二
親と仲良くできるたねあかし

これから先生になりたいという学生に、「現場に出るにあたって一番気がかりなこと」を尋ねると、毎年「モンスターペアレントの問題」がだんとつに多いのです。それが心配で、教師になるのをためらうという学生もいます。いつ、誰が言い出したのか、親のことを「モンスター」などと言い、親というものは難しい困った存在だと描き出されてきたのです。

確かに、理不尽なことを突きつけてくる親はいます。そのために教師の人権すら脅かされている事例もないことはありません。そのための救済機関やシステムの必要性も感じています。ところが、「モンスター」に見えて、そうではない親たちがほとんどなのです。どうしたら「モンスター」に見えなくなって、仲良くなれるのか、その秘訣を学ぶのがこの章です。

親と仲よく手をつなぎ、協力関係ができると、子どもの育ちがはっきりと違ってくるし、教師というこの仕事の奥深いおもしろさが実感できてくることでしょう。

1 先生と親　なぜ難しくなったのか

人間関係が難しくなったというのは、実は、先生と親にかぎったことではないのです。今社会全体で、大人も子どもも、人間関係がなかなか結べなくて、様々な問題が噴出しているのです。信頼しあえるはずの家庭の人間関係が最も大変だと言われている今日です。

さて、親と先生がなかなかいい関係が結べなくなっていますが、なぜなのでしょうね。

親の暮らしが厳しくなり、生活の土台がぐらぐら、心の余裕も奪われています。そして、子育てがうまくいかなくて悩み、苦しんでいます。なのに、その悩みを「ちょっと聞いて」と気楽に語り合う人間関係が、これまた奪われているのです。

そこへもってきて、親自身が自分の育ちの中で、過去の自分に折り合いがつけられず、親として成長することに課題を抱えている方もいます。

抱いてやったら身体が固く、甘えられないさっちゃん。「お母さん小さい頃から、抱いてやってきましたか」と聞くと、「先生、うちなあ、自分も親になんか抱かれてへんねん。子どもなんかてれくさくて抱かれへんわ」と言うのです。一年がかりで、わが子が抱けるお母さんになろうねと取り組んできたことでした。

そんな一方、先生方も命を削って働いている超多忙な現場で、ほんとうに余裕がありません。子どもの言動にへとへとに疲れ、管理職からも厳しく言われ、そんなところへ親が、モンスターになって現れたら、そりゃあたまりませんよね。日頃の苦労もよくわかってもらってない親に、〝指導が悪い〟とお前よばわりされたんじゃブチっと切れてしまいますよね。

わかる！　わかる！　本当にしんどいですよね。先生だって、このしんどさや悩みを聴いてほしいのですから。そこへもってきて、マスコミなどが学校不信、教師不信をあおります。消費者感覚で、不良品に文句をつけるような感じで、学校に向かってくる親も増えました。

さらに、今大阪では、親が先生を評価し、点数化し、序列をつけるというシステムが導入されてきて、大混乱を招いています。ますます両者の関係を悪化させていくこと必至です。

親も教師もどちらも大変で、お互い話を聴いて受け止めてもらいたい同士なのに……。

親は言います。先生に話を聴いてもらいたいのに、忙しオーラを出していたり、親は苦手というオーラを出して、避けてる先生が増えて、近づきにくいのだと。やっと勇気を出して、話をしに行ったら、先生は、弁解ばっかり……。どうすりゃいいんだと叫びたくなりますよね。

2　教師自らもふり返ってみたいこと

先生って、世間一般からすると、それなりのエリートとして育ってきて、プライドの高い方も多いようです。どこか、親を下の立場にみてしまって、自分が指導する立場にあるような錯覚に落ち入ってはいないでしょうか。しかも、その親に批判ときには非難されたりすると、「なんで言われなあかんねん」とカーッとなって謙虚さを失ってしまうということはないでしょうか。私はありました。一生懸命やっているのに、なんで言われなあかんネンしかも誤解されて……どこに言うたらエエンや！　と悔し涙を教室で一人流したこともありました。（この後どうするかは、また次のところで）

また、こんなことは、ありませんか。子どもが悪いと、親の教育がなってないからだと考え、今度会ったら言ってやりたいとついつい思ってしまうことはありませんか。私が指導し、責任もってるのは、子どもであって親のことまで、私の範疇ではありません。ただでさえ忙しいのに、親とのことなど手がまわりませんと言われる方もありますよね。

教育というとなみは、何なのか、今一度考え直してみる時にきたようですね。

3 「先生、うちの子かしこうしたって」と手を合わす親

私は、保育や学童保育関係の子育てのつどいや学習会、また地域の子育て講座などにも講師としてかかわっていて、日本中、いろんな地域の親御さんと話をする機会があります。

お母さんたちは言います。先生と仲良くしたい、いろんな話を聴いていただき、子育ての相談にものっていただきたい。親ができることは協力したい。親同士も仲良くなりたいと。そして、何よりもどの親も「先生うちの子かしこうしたってください」と手を合わせているということです。

私たちの仕事は、この親の願いを両手で受けとめて、一緒に教育といういとなみを創り出していくことではないでしょうか。

もっともっと親の声に耳を傾けてみたいです。そして、私たち教師も今、働きにくい厳しい状況になってきています。教育予算が削られ先生不足、給料は下がり、評価システムで縛られ自由な空気が奪われてきています。親の暮らしは、子どもを直撃、悲鳴を上げる子らとの格闘の日々です。そうなのです。同じ時代を苦労している者同士として、親の暮らしに心寄せ、そこで流す親の汗や涙のわかる教師になりたいですね。

「あのお母さん子どももほったらかしで、愛情不足だから何か子育てのアドバイスをしたいのですが……」という前にそのお母さんがどんな仕事をして、どんな生活を必死で送っているのかに心寄せていきたいです。

「お母さん、このごろ仕事はどうですか」と声をかけてあげたら「先生あのね……」と話しはじめることで

しょう。「大変な中で、ようがんばってはりますね。私ら教師も今大変でね……」と話もしてみてください。きっと響き合うものがあります。子育てほったらかしでエエ加減に見えるし、（実際そんなところもありますが）でも、子どもを見捨てないで二人の子どもを食べさせ、学校に来させているのですから、がんばっていらっしゃるのですね。

そして、親と付き合ってみると、これが実にたくましくて、私なんか食べる苦労もせずぬくぬく育ってきて、恥ずかしくなりますよ。この親の生きるたくましさから、教師の方が学びたいです。

エエ加減に見えるどこの親にも、子育ての知恵があります。それを学び合いたいです。「ええことしてはりますね」とエールを送り、親の力、エネルギーを信頼して、責め合うのではなく何なら一緒にできるかをみつけ、力合わせると、今日の教育の困難が大きくひらけていくことでしょう。

具体的にどんなことができるのか話を進めます。

4　親と仲良くなるために
——心がけたいこんなこと

「先生すきだよ」と言われたら

子どもが「先生すきだよ。学校楽しいよ」と言えば、親は、いろいろあっても、まあ目をつぶろうかと思っ

てくれるのです。

私の新任時代のことも書きましたが、授業はうまくいかず、失敗ばかり、ごめんね、その分一緒に遊ぶからねと子どもと汗をかいていました。ただ、子どものことを知りたくて、日記や作文を書いてもらうことは、新任時代から続けていました。この二つのことで、子どもは、「先生好きよ」と言ってくれたので、親もいろいろあったでしょうに、まあ若い先生だから助けてやろうかと思ってくれていたようです。

腹たつ親の言動に何が？

腹立つ親の言動に何が？　これが見えてくると寄り添い方、つき合い方が次第にわかってきます。

一年生を担任していた時でした。くたくたに疲れた一学期がやっと終わり、ゴールに倒れ込んだような気持ちの終業式。心も開放されて、さあ食事に出かけようと校門を出たところで、純くんのお母さんとバッタリ！　顔を見るなり「先生！　うちの子には、字教えてくれへんのか」といきなり！　よくよく聞くと、文字の練習ノートが、ま行から後のところが、真っ白で何も書いていないと言います。ノートがなくなっていたので、コピーをして、毎日練習したと説明するのですが、聞く耳はありません。私の話が弁解に聞こえるようで、怒ったまま帰ってしまったのです。食事に行く気も失い、一人教室へ帰りました。なんだか悔しくて、情けなくて、涙ばっかり出ます。でも、このままじゃ誤解は解けないし、ケンカした状態で、二学期はやっていけないと思い、いろいろ考えました。その時、ふと思ったのです。純は長男で、お母さんは初めての子を学校にあげたのです。一学期が終わり、どんな勉強をして賢くなったのかと楽しみにノートもめくってみたのでしょう。ところがです。みんなが勉強したま行から後のノートが真っ白で何も書いていない、えーっほったらかされているのではと……学校へ一直線。ばったり出会ったもんですから、心の用意もなく、トゲトゲの言葉が飛び出したのでしょう。

「先生、うちの子にもちゃんと字を教えてやってくれ」というのは、親の真っ当な願いなのです。いろいろ誤解をしているとは言え……

仕方ない！　家に行くかと心を決めて、赤ペンを持って、出かけていったのでした。ドキドキしながらピンポーンと鳴らすと、純くんが出て来たので、玄関先で一緒に字の練習をしました。内職のカバンを作っているミシンの音がずっとしていて、何か挑戦的に聞こえて、辛い一時間でした。そのうちミシンの音が止んで、玄関口に出て来られたお母さんが「ありがとう」と言ってくださり、ああ、やっぱり来て良かったと胸を撫で下ろしながら帰ったことでした。

腹の立つ言動の向こうに、わが子を賢くしてやってくれと言う親の願いがあるんだと学ばせてもらった痛い経験でした。

子どもは1/35ではなく1/1

誕生日に、お家の方に「生いたちの記」を書いていただき読んで祝うという実践を前の章で紹介しました。

わが子の名前にこめた願い、小さい頃の病気や夜泣きの苦労、ああ、かけがえのない命を今日まで必死で育ててきたのだと思うと、今まで35人の中の一人だった子が、一分の一として大きな存在になっていくのが自分でも実感できました。

この親の気持ちを忘れないで、一人一人の子どもと向き合おうと心に刻んだことでした。

「勉強わからない子の親の心の重さがわかりますか」

「先生、勉強のわからん子の親が、こんな懇談会に来る時の心の重さ、足の重さがわかりますか」と問いかけられたのは、教師になって間もない頃のことでした。

私のこの気持ちをどうかわかってくださいと哀願するような目でした。

この言葉は、以来教師をしている間じゅうずっと私の胸の中で生き続けていました。

一年生の時、学校では口をつぐんで物を言わず、心を閉ざしていた子が、二年生になって転校してきました。心に溜まっていたものが、攻撃性になって噴出したのでしょうか。友だちをひっかく、唾をかけるという行為が続くので、お母さんとじっくり話をしたいと思い、来ていただくことにしたのです。

約束の時間より20分も早く来られたお母さん。きっと朝から気が重く、身の置きどころがなくて早く来られたのでしょうね。

廊下から教室へ誘導しながら、「お母さんいろいろあったんですね。今日までよくがんばってきはりましたね」と言葉をかけただけなのに、泣いて泣いて泣き崩れてしまわれたのです。

ずっと後になって、お母さんが言うのです。

「新しい学校の先生に、私の子育て下手を責められると思って重い足を引きずって来たのに『今までようがんばってきはりましたね』と言ってくださって、今まで胸にたまってきたものが溢れ出してしまって、あんなに泣いたこと初めてです。あの時、この先生にまかそうって思ったんです」

たった一言なのに……

今思うと、若い頃、私に哀願するような目で話してくださったあの親の思いが、どこかに生きていたように思いました。

親は、今こんな一言を待っているんですよね。

子どもの生活、暮らしの変化に敏感に

時代の荒波が親の暮らしを直撃しています。父ちゃんの仕事がなくなり、母ちゃんが夜中まで働くようになった子もいます。会社が倒産し、夜逃げ同然のように、大阪を出ていった子もいます。父親の暴力からのがれ、家を出た子もいます。

かさこじぞうの授業をしている時、「ええわ、ええわ」とつぶやいていた子は、

「かさこじぞうのじいさまとばあさま仲がいいからええわ。先生、お母さん家を出て行くっていうネン。きのうの晩、お母さん出て行かへんように、ぼくとお母さんの手ひもでくくって寝てん」と言うのです。

宿題忘れが続く子を、叱っても励ましてもやってきません。「どうしたんや」と聞くと兄の家庭内暴力が始まっていて、なんと妹に自分の宿題をさせていると言うのです。

目の前にいる子どもの姿からその変化をキャッチし、せめて話を聴いてやれたらと思うのです。いえ可能なら親と話もして、何か力になれたらと思います。

日頃から親と仲良くしていたら、こんな時も話を聴くことができやすいのです。こんな時代だからこそ、親と手をつなぐ仕事が求められているなあと、あらためて思っています。

どの親もが持っている子育ての知恵を学びたい

どこの家庭のどの親もが、何らかの子育ての知恵を持っているのです。ご本人は、いいことしているなどと思っていないこともまありますが、それをこちらが見い出し、意味づけ、「いいことしてはりますね」とちょっと背中を押してあげるだけで、親の顔がぱあっと明るくなるから、嬉しいじゃないですか。

どなり込んできた純くんのお母さんは、内職で作ったカバンが、店で一万円で売っているのを見せておられます。御本人は、これが子育ての知恵などと思ってしているわけではありませんが、親の労働が商品価値になる様をこの目で見せているのですから、大切なことをしていらっしゃるのですよね。

じいちゃんの盆栽作りの世話を手伝う子もいます。「この子変わった子で、年よりみたいで、いやですわ」と母親は言うのですが、命あるものを真ん中におじいちゃんと過ごした日々は、この子の人生の中で生き続け、生きる支えにすらなっていくことでしょう。そうです「ええことしてはりますね」と声をかけたいですね。

「先生見てくださいよ、このガラクタ！　お父さんの仕事場から拾ってきた機械の部品、廃品回収の時出ていたラジオの部品、この前学校でみんなで作った笹舟も、ほらまだここに入れてますわ。捨てたくて……捨てたくて…でも怒るから置いてますけど……もう～」

「ええことしてはりますね」ですよね。子どもの中の子どもですよ。好奇心いっぱい、ガラクタがおもちゃ、夢の巣箱ですよ、それをも～と言いながら捨てないで、おいていらっしゃる。「ありがとうお母さん」と思わず出ました。「子どもを大切にするって、そういうことなんですよね」と言うと、「そうですか……」と言いながら、目が笑っています。

こんなちょっとした言葉を、親は待ってます。元気が出ると言ってくれます。

言いたいことが親になかなか言えないんですが……

トラブルを恐れ、あたりさわりのないことだけを言うということはありませんか。

親が先生を評価するというシステムが入ってきたので、一層言えなくなりそうです。

「せっかく仕事半日休みとって行ったのに、先生本当のこと話してくれなくて何の為に学校に行ったのかわからんわ」

と、お母さんから聞いたことがあります。

この時とばかり、子どもが悪いのは、あなたの子育てが悪いからだと言う教師もいれば、遠慮して言えない教師もいますよね。

どうしたら、言えるようになるでしょうね。

日頃から仲の良い関係作りをしていくことが大前提ですが（その方法等は、すでに書きましたね）、まずは、『この先生本気でうちの子のこと思ってくれて言ってくれている』と伝われば、もう大丈夫です。

「お母さん、ゆうちゃんね、この前朝学校に来る時、黄色い花摘んできてくれて、『先生あげる』って……私あの日嫌なことあって落ち込んでたんだけど、嬉しくてね、あの感性と優しさ大すきや、いい子に育ってきたね。

そのゆうちゃんが女の子にイヤがらせしてこの前、はるちゃんのお母さんが怒ってきはったけど……、あれって悪い子じゃなくて、ゆうちゃんのサインなのよね。お母さんこの頃、弁当屋の仕事大変なんでしょ。〝お母さん、もっとかまってよ〟と言うサインなんですよね。父ちゃんの体調が悪くて、お母さんも大変だし、そのことゆうちゃんよくわかっていても、やっぱりかまってほしいのが子どもよね。五分だけでいいのよ。抱いてやってよ」

言いたいこと、子どもの課題は、はっきり言いますが、子どもや親を責めるのではなく、その言動の意味を伝え、これから具体的にどんな努力をしたらいいのか少しアドバイスもできたらいいですが、いずれにしても、親としても努力してほしい、学校でも、先生もこんなふうに取り組んでみますよ、一緒にやっていきましょうという姿勢で、つながり合いたいですね。

親が泣きながら肩を落として帰る個人懇談

親が泣きながら肩を落として帰る個人懇談会というのもあります。

あすか
（4年生）

一年生です。先生が絵を差し出しました。そして、後ろに掲示してあるクラスのみんなの絵を指さして、「見てください。いい絵でしょ」と言いながら、ご自分の絵の指導方法を語られたそうです。……なのに、あなたのお子さんの絵だけ色が暗くて、子どもらしくありませんよね。何か家庭に心あたりはありませんか」言葉が出なかったと言います。

やっと「私が子ども時代、絵が下手だったから似たのでしょうね。すみませんでした」と言って、席を立って、兄の先生、私のところへ来て泣くのです。

こんな懇談はしたくないですよね。

子どものちょっとすてきな話を

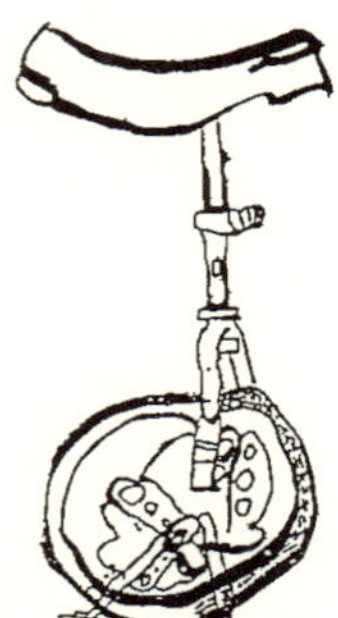

しんご
（４年生）

わが子をほめてもらって怒る親はいません。（ただ最近は、「学校では、そうやってがんばっているのに、家では全然態度が違うから腹立ちます」と言った方もあり、そこから話し合いをしたことはあります。）まず私たち自身が、子どものちょっとすてきなことが見える目を豊かにしたいですね。戦前の生活綴方教育の大先輩村山俊太郎氏は、「子どもたちこそ、ほんとうのものを放射しているのだ。子どもから、ほんとうのものを聞けないのは、教師の罪だ。もっと広く言えば教育の罪だ」と言いました。

子どもが放射している、人間の真実、優しさ、命の輝きを聞きとれる、感じとれる教師の感覚を磨いていくことが、教師の修業です。

そして、その受け止めたことを自分一人で持っていたのでは、値うちは半減以下です。

クラスの友だちに伝えたいし、お母さんたちに伝えたいですよね。この伝えていくことで、人はつながり、生きるエネルギーに転化していくのです。

「テストで100点とるということは、夢やな」と言っていたみっちゃんが、理科の生き物のテストで100点をとったのです。

再婚されたお父さんが生き物大好きで、家にもいろいろな生き物を飼っているし、山にも連れていってくれるのです。

私は、父ちゃんありがとう、父ちゃんのおかげやで、というエールも送りたくて、早速連絡帳に、このニュースを書きました。

「お父ちゃん、お母ちゃん、うれしいニュースです！　みっちゃん理科のテストで100点とったんですよ。大よろこびや。

父ちゃんが生き物好きで、いろいろ教えてくださったおかげですよ。ありがとうね。今日は、何回も頭でながら、ほめてやってくださいね」

翌日お母さんからの返事です。

「理科のテストで100点だったと喜んで話してくれました。『生き物博士』って言われて、ほめられたんやと言ってにこにこ、またまたほめてやりました。ごきげんで、二人にコーヒーをいっちょ前に上手に立てて入れてくれました」

「家族三人の笑顔と笑い声まできこえてきて、仲良し家族になってきて何よりです。父ちゃんに、ありがとうと言ってくださいよ」

この父ちゃんはそれ以来、参観と懇談会には、毎回来てくださって、大した父ちゃんです。余談ですが退職の日には、山へ登って、まだ春浅いのに竹の子をとってきて、「先生、世話になったなあ」と届けてくださったんですよ。

このみっちゃん親子の話は、通信「まじょレター」で紹介しますから、クラスのみなさんも知って、またつながりが広がっていくのです。

そうです。伝えないでは、力にならないのです。

とりわけ子育てに悩んでいる親御さんには、まめに連絡帳やお電話で嬉しさ届けをするようこころがけていました。

先生から電話がかかるとドキッ、悪いことをしたのかと思っていたお母さんたちでしたが、嬉しさ届けの電話もあるんだとわかり、「仕事の疲れがとびますわ、今夜は、なんかほっとして寝れそうですわ」とも言ってくださいます。

退職後、専門員をしていた時、娘が離婚して孫のことを心配していたおばあちゃんが連絡帳に、孫の様子が知りたくて書いてきていました。人のいい担任の先生でも忙しくて、「おばあのめんどうまでみてる余裕がないでな」と言うのです。

「先生、何か書いてやってよ。元気に学校でやってる様子がわかったら、おばあちゃん今夜、枕高くして寝られるじゃないの。頼みますよ。書いてあげてくださいね」

と声をかけたことでした。

やっと割り算ができた子は、連絡帳に問題を書いて、親の目の前でやってもらい、うんとほめてやってくださいねと言葉を添えました。

子どもの嬉しさは、二倍になり、やる気も二倍、親と一緒に子育てですね。

「これを言っちゃあおしまいよ」子どもの前で親の悪口は言うまい

「親が親やからなあ……言うてもしゃあないけど、お前がしっかりせな」

「こんだけ言ってもなぜ持って来ないの、親は何も言わへんのか……何考えてる親や。先生かて、子どもいてるけど、親としては考えられへんわ」

「○○くらい買ってもらいなさい、お母さんばっかり、キレイにして、自分で言いなさい」

……みんな耳に入ってきた言葉です。

この時、子どもってどんな気持ちで聞いているでしょうね。一生心の傷になって残り、疼いていることでしょう。「これを言っちゃおしまい」なのです。

私たち教師が、大人目線で、子どもは自分の指導の対象で、何を言っても許されるとなど思っていたら、教師失格。とりわけ親のことを悪く言う教師、それも子どもに向かって！　イライラもするし、親の言動に腹も立ちますが、教師として越えてはならぬことのようです。

5 親と手をつないでできるこんなこと

「学級通信」のかけがえのない役割 ――発信し、伝え合い、つながり合う――

やることいっぱい、いつも時間が足りない、あ～～という日々ですが、大事なことには時間を使う――これがポイントです。その大事なことの一つが、「学級通信」です。

なんと言ってもクラスの様子が届くのですから、親は安心です。学校や先生やクラスの友だちが、ぐーんと近くに感じられるのですからね。記事を読んで親子の会話がはずみ、家族で盛り上がることもあります。

そして先生が近くに感じられたら、親の方も何か発信したくなるのです。（といっても、連絡事項ばかりとか一方的な教師の説教めいた話中心の通信ではそうはなりません）

① 早速親からもたより

三年生始業式が終わって数日後、早速連絡帳にこんな話が届きました。

始業式から帰宅し、子どもから先生のこと新しい友だちの様子、クラス替えの様子をたくさん話してくれました。

「先生が読んでくれた本、めっちゃおもしろかったで」「先生って、ホンマにまほうつかいやで」と目をくりくりさせて話してくれ、安心いたしました。学級通信が、なんといっても毎日とても楽しみです。クラスのこと、学校生活がよくわかり、先生にお会いするのを楽しみに、この一年よろしくお願いいいたします。


「『先生な、まちがってもええで』って、にこにこ言ってくれるからうれしい」と子どもから聞き、ひっこみじあんな子ですが、ほっとしています。少しでもこの一年積極的になってくれればと思っています」


届いたこんなおたよりを、「おたよりうれしいな」コーナーを作って通信にのせるのです。そうすると、読まれた親たちから、私も書きたいなとまたおたよりが届くのです。

親も学級通信に参加してきはじめます。一緒に通信を作っていくという感じでしょうか。子どもと親と先生と三者でね。

教師も、こんなおたよりが届くと嬉しくなって、明日もがんばろうという気持ちになってきます。これからも続けて書くぞと励まされますよね。

② 上靴洗いを宿題に出したとき

こんなおたよりが届きました。

上靴洗いの宿題は、ゆうじにとって、とてもよかったようで、自分で洗って、だんだんきれいになっていくのが、うれしかったようで、『また今度も洗う！』と、はりきっています。

これを通信で紹介し、その後に、私はこんなふうに書きました。

生きるすべをていねいに教えたい

ああいいですね。今朝、真白になった靴を足を上げて、みんなにも見せてもらいました。子どもは、やりたがり、新しいことに挑戦したがります。三年生は、特にこの気持ちが強いので、この時期に、生きるすべや知恵を（そう、上靴洗いなど）教えていくチャンスです。机の上の勉強＝学力とはき違えずにね。

生きるすべを、してみせて、やり方を教え子どもにやらせてみて、おってきるじゃないかとほめ、根気強くやらせ続けていく。これが家庭教育の基本なんですよね。ただ今、学校でも、雑巾の洗い方、拭き方、箒の使い方、片づけ方の指導中、おうちでもたのみますよ」

③　音読の宿題にも、親の声

音読カードを持たせていて、宿題に読んで来てもらいます。聞いていただいたらサインをつけてもらいます。（事情で、聞いてもらえる人がいない時は、私が聞いてサイン）

音読カードが1ページ終わったら、その下に「聞いていただいた感想があればどうぞ」コーナーを作ってあります。

「母さんのうた」という文学教材を学んでいたときでした。

> わが家の少しいい話を聞いてください。昨晩いつも通り、本読みを聞いていました。
>
> 父親と私に、
>
> 「おかあさん、今ならってる〝母さんのうた〟の本読んであげようか」と言われ、私は、
>
> 「じゃあ、今日は、お母さんが読んであげるわ」と言って、みんなの前で読み始めました。何も知らず一生懸命気持ちを込めて、中頃から最後の方を読んでいくうちに、私が号泣してしまいました。
>
> 親子で一緒に感動を味わうことができた夜でした。

④　ヤッターとべた　とび箱

三段の跳び箱が跳べない子が何人もいて、体育で教え合い学習をとり入れ、全員が跳べるようになろうと、取り組みました。

最後の一人が跳べたのです。早速そのことを通信で紹介しました。

とびばこ　とべた

ゆうき

三だん　とべなくて　くやしかった
五だんも　とべる子を見て　うらやましかった
四十人クラス　全員　三だん　クリアーしたい
ぼくは、ひっしだった
れん習した。れん習した
やっと　コツが　つかめた
また　れん習やった
そして、
やっと　とべた
のりにのって、四・五だんも　とべた
「とべた!」
先生が　ぼくをだっこしてくれて　くるくる回してくれた

（３年生）

ゆうきくんのお母さんから

ゆうき　4だんとべて　よかったね。5だんも　とべたって、よかったね。
お母さんも　とび箱跳ぶところ　みてみたかったなあ。
幼稚園から　とび箱が跳べなくて　何回も泣いてきたもんね、本当にうれしいね。
　友だちのお母さんも
ゆうきくん　とび箱とべたとき、先生が　くるくる　まわしたとありましたね。
目にうかんできます。
ゆうきくんの詩と　ゆうきくんが　とび箱　がんばってる姿を想像して、また泣けました。

わがクラスの友だちのことをこうやって一緒に喜んでくださる親たちがいる。みんなの子どもをみんなで育てる。こんなクラスにしていきたいですねと、また、私も言葉を届けました。そうするとまた、話を届けたいという親御さんが出てくるのです。

⑤　青虫どこかいませんか

青虫、さなぎ、チョウと成長を観察したいのに、最近は、青虫がなかなかいないのです。何でも困ったら助けてと通信で呼びかけます。

なんと、坂元さんのおばあちゃんのふるさと、九州から宅急便で、青虫がどっさり学校へ届いたのです。びっくり！　感謝です。九州の青虫、大阪で元気にチョウになっておくれやと、子どもたちと大切に育てました。そして、今朝、初めてチョウがとび立ちました。

チョウが　とんだ

高村まさや

坂元さんのおばあちゃんが、九州の宮崎からモンシロチョウの幼虫を送って来てくれた。幼虫がモンシロチョウになった時、みんなで言葉をかけて、とばしてやった。ぼくは、ちょっと半泣きになった。なぜかというと、せっかくみんなで楽しく育てたからです。だから半泣きになった。今、何してるかな、ちゃんと死なんと旅してるかな、九州にもどってるかなって思ってる。

おぼえていて、もどって！

生きとってほしい。

生きとってな、がんばれよ――


宮崎まで元気にとんでいけとクラスみんなで見送ったのです。

「青虫どこかいませんか」と学級だよりにたった一行書いただけなのに、こんなドラマが教室に生まれるんです。助けてもらうのです。頼りにするのです。

⑥ それじゃ我が家も読み聞かせ

「『本読んで』は、『お母さん好き』の言葉のかわり」を懇談会で聞いて、赤ちゃんの頃から毎日読んでいた絵本、小学一年生になって、一人で読めるようになると「お母さん読んで」と言わなくなりました。もう「読んで読んで」としつこく言われなくていいと思う反面、少し淋しさもありました。

この淋しさは、先日先生が「本読んでは、お母さん好きの言葉のかわり」と言われお互いコミュニケーションが薄くなって淋しい思いをしてしまっていたと気づかされました。三年生になって、先生に毎日本を読んでもらうのが、すごく嬉しかったようで家でも「お母さん本読んで」が再開しました。

三年生なので、読み方もひと工夫。例えば右のページは、子ども、左は、私が読むというふうにしています。

何年生になっても、読みきかせは続けていきたいです。

こんな文面を読むと、担任もまた子育てのありようを学ぶのです。他の親からも「わが家でもたまには読んでやろうと思った」とか「図書館に連れて行ってやりました」とかの反応が返ってきました。

⑦　困ってます。みなさんどうしていますか

五月も終わり頃になると、少したるんできて、しかも三年生友だちも増え、遊びたい盛り、なかなか宿題せずに、とび出していく、あ〜困ってる。みなさんどうしていますかというたよりが届きました。

紙上討論です。あれこれ言いながら、互いにぼやいたり、少し工夫したことから学び合うのです。

子どもたちの世界が今ぐーんと広がってきています。友だちいっぱい遊びもおもしろい。新しいこともどんどんやりたい。わくわくドキドキなんともすばらしい時期なのです。

でもそこは、9才の子どもまだうまくコントロールできはじめで、こんな状態が出てきているのです。

親が何もいわなくてもきちんとするより、こんな時期をくぐって自分の生活を作っていく、これがこれからの生きていく力を育ててくれます。

さて、親は、教師は、どんな援助をしていけばいいのでしょう。みんなで知恵を出し合いましょうか。

いかがですか。みなさんのうちでは、こんな悩みあり、こんな工夫も始めています。などいろいろ声をよせてください。

花のはかせ気分

し竹 まり

日曜日は、とてもよい天気だったので、自てん車に乗って、スーパーと公園へ行きました。ゴールデンウィークのときは、たんぽぽが咲いていたのに今は、少ししかなくて、今度は、「しろつめ草」がたくさん咲いていました。次来たら、どんな花が咲いてるかな。

あと、理科で習った「ほとけのざ」「ひめじょおん」「のげし」からすのえんどうを見つけたので、お母さんに教えてあげました。

花のはかせになった気分でした。「ひめじょおん」は、すっごくかわいい花で、色もきれいだなあと思いました。もっといっぱい花のことを知りたいです。

母もおこってます

さて、みなさんところは…

No50の「まじょレター」同感です！母もおこってます！でも宿題が先か遊びが先か、これは一年の時から母の課題になっています。友達がドアの向こうで待っている…もう息子の字はうかれまくり…しかし、嫌な事を後廻しにさせるのも教育上良くない？と自問自答のくりかえしです。

息子おこるんでます！最近の忘れ物は、新聞とリコーダーに連絡帳…外でもめいっぱい遊んでいるのに、帰宅するやいなや、まだ工作になげんでます。母が甘いんでしょうね？

でも、きびしく！と思うとこれがすぐとなり 声にかってしまうのですよ…

教室は生きものいっぱい

もんしろちょう、あげはの幼虫、ザリガニ、小金虫やかぶと虫の幼虫…

休み時間も虫をさがして走り回っています。

チャイムが鳴ってるぞー！早く帰って来～い！

もう夢中ですよ。まっいいか。

畑もマリーゴールド、ほうせんか、ナス、きゅうり、ピーマン

育ってくるのが楽し～み。

これも三年生の姿です。

親と子と先生と

まじょレター

3年1組 土佐学級

5月30日

NO. 52

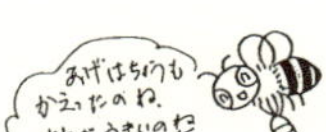

みんなで育ち合い

さっそく
たくさんの
意見ありがとう

まじょレター(No.52)への意見

宿題が先か、遊びが先かでなく、やる事をするのであれば、状況によって、どちらでもよいのでは？と思います

『「人生楽しいことばかりじゃない！
嫌なこと、しんどいことも ちゃんとしたら
楽しいことが、もっと楽しくなるよ!!」』
と小学校入った頃から 言い続けています。
放課後、遊びに行ったり、楽しい習い事の後
帰ってきて、宿題などする事がどっさり。
でも また遊び(習い事)に行きたいと思う気持ち
があるので「やる事は やる!!」と 子供なりに
がんばってます。

やらない時は、次回遊びに行かせません。
楽しみにしている習い事も休ませます。(月謝はもったいないですが。) うちの家の決りです。子供は、
泣きさけびますが、効果的です！「鬼～」とまで、
子供に罵られますが… 私も本気です。
日によって、すごく疲れてるなと感じた時は、
最低限やる事をした時点で(最初に言わない！)
「今日は、がんばったなあ！やる事残ってるけど、
その分 明日早く起きてがんばり!!」と言って
早く寝かせます。その時の子供の顔は

「え～いいの?! ママ やさしい♡」と
とても 嬉しそうです。
(もちろん 朝早起きしても、残りの分は、ほとんどできませんが… 逃げ道も必要かと思い…)
3年生になり、自分で生活の リズムも ついて
きてるように 感じます。
厳しいと非難されるかもしれませんが、
これが うちの 生活作りの 工夫?!です。

なるほど、愛情と それに支えられた きびしさ
ここが カンどころ。
こわさ でない きびしさが いるのでしょうね。

それぞれ家庭で悩みはつきないですね。子供は、本当に思うようには育ってくれません。自分の理想が高いのだと思ってしまう事もあります。自由にさせていると、楽な方へ行ってしまうのが子供。わかっているのに、なかなか、きちんとけじめを教える事が出来ない時が多々あります。(実は)ロボットじゃないんだから、あーしなさい、次はこーしなさいと口出しばかりしたくもなく、見守っていようとやっていると……つくづく難しいなと思います。子供の性格によってもすい方がちがってくるし、日々悩みの連続です。まぁでも、最低限の事はピシッとやらない時はきつく言っていくつもりです。みなさんいかがですか？
(宿題、かつ時間、この2つにはこだわります。)

なるほど
ここだけは それは
ゆずらない
ええ

No.53 まじょレター 載せて頂いた母のボヤキ…
他のお母さまのアドバイスが楽しみです。
先生からの先日のアドバイスもありがとうございます。
やはり言い続けなのですね…
親も子も忍ぼうですね。
でも先生、最近は彼に与えた仕事(洗たくもの取り込み)を進んでしてくれるようになりました。まだまだ忘れている日もありますが、何も言っていないのに。
高い所の物でもけんめいにがんばってくれています。
母は一人顔をほころばして見ています。
(母)

子育てってこんなものですよ。
イライラしたり、あせったり…でもやっぱり
この子かわいいって 顔をほころばせて…。
たくさんの人が さっそく いろいろ声をよせて
くださいました。うてば ひびく
うれしいね！ ボヤけるクラスがいいな。

親と子と先生と

まじょレター

3年1組 土佐学級

5月30日

NO. 54

⑧ 子どもの作文にも感想が届く

「まじょレター」で、子どもの日記や作文がよくのるようになって、読むのを楽しみにしている母です。子どもって、こんなこと考えてるんや、三年生って、けっこうしっかりしてるんだと驚いたり、なんだか遊びに来てくれる子が前より、かわいくなったりして、いいですねえ。

あんまり上手に書いているから「先生がなおされるんですが」と聞くと、先生は、「子どもの文は、かってに手直ししたりは、ぜったいしません」と聞いてまたびっくりです。

（みんなの作文が楽しみなオバチャンより）

作文読んでびっくりです。なんとなく内容は聞いていたのですが……素直に自分の気持ちが書けていてホントかわいくて嬉しいです。これから先も飾らず素直な気持ちをそのまま文に書けたらすてきだろうなと思っています。

（平田君の母さんより）

家での会話では、わからなかった娘の思いが作文を読んで、初めて、よくわかりました。こんな経験をする中で、自分や他人のことをじっくりとみつめ、考える力が育っていくんでしょうね。そのことを書くことによって、娘も心の中が整理できたのではないかと思います。

（山もりさんの母さんより）

たかが連絡帳、されど連絡帳

連絡帳って何なんでしょうね。子どもが忘れ物をしないためのメモ帳であったり、親との事務連絡帳であったりと考えられていることが多いようです。

もっと積極的に、親と教師を結ぶパイプ役として活用できないかと考えてきました。ところがです。

① 困ったもんだ! こんな連絡帳

転校生がやって来たのです。前の学校で使っていた連絡帳の続きのページから使うと言います。ひょっと見ると、担任から赤ペンで、「今日○○さんとケンカをし、また手が出ました。厳しく指導しましたが、家庭でも、きちんと話をしてやってください」

「漢字ノートの宿題の字が乱雑です。家でも目を届かせてやってください」

親は、「すみませんでした」の一言です。我が子がこんな連絡帳もらって来たら親はカーッとなって、怒鳴りつけるだけですよね。連絡帳に何か書かれるたびに叱られるとなると、子どもは、見せたくなくなります。ああ連絡帳なんかキエロ! と破り捨てた一年生もあったと言います。

親も連絡帳を見ると、また書かれていないか、とドキドキしていたと言います。

ならば連絡帳が届くたびに、お母さんが笑顔になって、ほめてもらえるなら、こりゃいいぞと思ったのです。うれしさ届けの連絡帳です。

②　うれしさ届けの連絡帳

こちらから発信しないと親とはつながれませんからね。新学期がスタートすると、まずは、子育てに悩みを抱えているお母さんにこちらから発信です。

「お母さん今日は、嬉しいニュースです！　みきちゃん、牛乳はじめて飲み干したんですよ。毎日しるしをつけて、ここまでとみんなに応援されて飲んでいたのですが、なんと今日全部！　みんなも歓声あげて喜んでくれました。みきちゃんの話聞いてあげてくださいね。

「日直さんの朝のお話、今のところ恥ずかしくて一人では、お話できていませんが心配しなくていいですよ。私も今はしゃべり過ぎですが、子どもの頃自分から手などあげたことないんですよ。ホント！

となりの友だちが、『今度日直のときはな、話したいこと書いてきて、読んだら』とアドバイスしてくれていましたよ。必ず話はできるようになりますから大丈夫ですよ」

「できなかった割り算できるようになりました。

4)236

これをお母さんの目の前でしますからほめてやってね」

学級通信
連絡帳

堅く構えた口調であらたまって書かないで〝お母さん　うれしい話ですよ〟という感じて気楽に、ペンをとっています。続け文字でさっと書いたりするもんだから「先生読めません。ルビうってくださいよ」なんて返ってきたこともありました。「ありゃあ、ごめん！」と気楽にまた返します。

③「こんな連絡帳返事書けません。もう……ショックです」

新任の先生が、職員室へ連絡帳を持って、教室から下りてきました。ケンカの後始末が納得できないようで、それも口ギタナイ言い方で、感情をぶつけてきていました。そりゃあ腹立つよなあ！　それも三ページも書いてあったのです。

しかし、まずは、この先生、この連絡帳を持って来て「どうしたらいいか」とよく相談してくださいましたよね。こんなこと書かれたら、メンツ丸つぶれや、誰にも見せたくないと思う人もいるでしょうね。この先生は、相談してくださったのです。腹立つ表現ですが、この親もわが子が心配で心配で先生にぶつけないではいられなかったのです。相手が若い先生だから、いっそう言いやすかったのでしょう。三枚も忙しい中書くのですから、やっぱり先生に聴いてほしかったんですよね。

とは言え、返事をどう書いていいかわからないと言います。私がかわりに文章作るわけにもいかないし、ともかく、一行目は、

「『ご心配かけましたね。』と書こうよ」と言いましたが、次が出ません。「それじゃ、もう書かないで、今日夕方会いに行っておいでよ。待ってたげるわ」ということで、出かけていきました。「先に、いろいろ弁

解しないでとにかく聴く、聴く、聴くに徹する姿勢で行っておいでね」

一時間もしないうちに明るい顔で帰ってきました。「先生、行ってよかったです。『忙しいのにわざわざ来てくれてありがとう』って言うてくれました。ちゃんとケンカのこと、説明したらわかってくれて、ああホント行ってよかったですわ。は〜お腹すいた！」

「そう思って、さっきケーキ買うて来てん。一緒に食べよ」と一件落着。

④「薬飲ませてください」にも言葉を添えて

「風邪ぎみなので薬を持たせています。給食の後、飲ませてください。よろしく」と書いてありました。忘れたらいけないので、メモに書き、机に貼り、念の為グループの人たちにも、頼んでおきました。

ところが、翔ちゃん。自分から給食の時、机の上に薬を出し、飲めるように段どりしていたのです。おっ、これは。大したもんや。

早速これを連絡帳の返事に書きました。

> お母さん薬ちゃんと飲みましたよ。グループの仲間にも「声かけしてやってね」と頼んではありましたが、なんと給食始まるとすぐ自分から薬を出し、机の上に準備しているではありませんか。病気も子どもの成長のきっかけになるんですよね。いい日でしたよ。

すると翌日、またお母さんからです。

そうなんですよ。このごろ自分からすることが増えてきて、今まで私がいちいちヒステリックに指図してたのが、よくなかったんでしょうね。この前も、次の図工で牛乳パックがいるとわかってたから、何日も前から洗って用意してたんですよ。それも忘れないように玄関につるしてありました。ちょっと頼もしくなりましたよ。先生、ありがとう。

連絡帳が行ったり来たりするたびに子どもに笑顔が生まれて、励まされるのです。しかも、これを通信にのせて、みんなの前でも読んでくれるのですから、ぐっと胸をはりますよね。仲間の中でお互いの成長を確かめ合うのです。連絡帳で伝え合ったからこそです。

⑤「先生きのう父ちゃん入院した」――家族へもひとこと――

ご家族は、それは、それは大変なことでしょう。ちょっとこんな時もひと言届けてあげたら、人間って力もらうんですよね。

お母さん、ゆみから聞きましたよ。お父さん入院なさったんですね。どんな具合でしょうか。長くかかりそうですか。お母さんもお疲れが出ませんように。ゆみちゃんのことで、何か気がかりなことがあれば、何でも言ってくださいよ。できることなら力になりますよ。

康ちゃんのおばあちゃんが亡くなりました。お母さんは、わが母を亡くしてどんなにか力を落とされていることでしょうね。

そんな時、康ちゃんがおばあちゃんのお葬式のことを日記に書いてきたのです。

おばあちゃんのそうしき

青山こうへい

おばあちゃんのそうしきは、水曜日でした。

おばあちゃんが、はこの中に入ってて、おばあちゃんの足とか頭とかに花をあげました。

おばあちゃんは、おけしょうをして、わらっていました。とってもきれかったです。

それで車で、おそうしきのところへ行きました。おばあちゃんは、七かいで　やけてたそうです。

おばあちゃんが、一かいに来たら、もうほねでした。

ほねをはしでさわったら、われてしまいました。


この日記をコピーして、お仏壇にまつってあげてくださいと渡しました。

そうするとお母さん

今日、日記を見て、涙が止まりませんでした。「きれいな顔だった」と書いてあるのを見て亡き母も、喜んでいることと思います。

日記を書く機会を与えてくださって　感謝、合掌こうして、ご家族のことで子どもが心配したり、心痛めていることを耳にしたら、ちょっと言葉に気持ちを込めて、届けるようにしています。また、つながりが深まりますよね。

⑥「つわりでしんどいよ～」

初めての子どもがお腹にいたとき、つわりに苦しみました。食べ物が入らない。冷や汗タラタラと授業中もふうっとなって立っていられないこともありました。通信には何でも書きますから、「しんどいよ～助けて」と書きました。早速親たちから連絡帳が次々に届くのです。むこうは、子育ての先輩ですから、きり抜けるいろいろな方法や漢方薬まで届けてくださったのです。薬よりも何よりも、この親たちの連絡帳が一番の薬になってずいぶん元気をいただいたものでした。

ついでの話ですが、私は、妊娠した時も、子どもにも親にも話をし、今お腹の中では何㎝くらいだとか、初めて腹帯を巻いたとか、初めて病院で心音を聞いて涙が出たなどを子どもたちに話してきました。生きた性教育いや命の教育になりますよね。そうすると、子どもたちは、家に帰って、自分のことを親に尋ね、各家庭で、わが子がお腹にいた時のこと、出産のことなどを話してくださり、へその緒まで持って来た子もありました。

「お産の先生で、途中で休むし、嫌だなと思ってたんですが、この一年かけがえのない命の教育をしてもらいました」と言って、この一年のドラマを紙芝居にして持って来てくださったお母さんもありました。明日から産休に入るという日のことでした。

教師という仕事のすばらしさ、かけがえのなさを、こんな若い時に経験させていただいたお母さんたちでした。

子どもみたいな先生が子どもを産むから助けてやらなくちゃと、マタニティードレスまで縫ってくださったお母さんもありました。

親の愛情を子どもに伝える取り組みを

①　親子学級会

ショッキングな少年事件が起きた時でした。翌朝、連絡帳に何人もの親から、「他人事とは思えない、いつわが子が加害者になっても被害者になってもおかしくない。この時代、子育てどうしていったらいいのか、もうわからなくなった」というおたよりでした。

届いたおたよりを学級だよりに載せて、紙上討論、みんなで意見交流をしたことでした。

子どもたちが、自分が大事な子として愛情をかけられているという実感が届いていなくて、「消えたい」とか「死にたい」と叫んでいるというのです。それじゃ、わがクラスの子らに直接聞いてみようと思いたち、「どんな時お父さんやお母さんの子どもであってよかったと思いますか」というアンケートをとったのです。三年生の子どもたちでした。

ゲームを買ってくれた時とかディズニーランドへ連れて行ってくれた時とかが出てくるのかと思いきや違うのです。ましてや塾や習いごとに行かせてくれる時などというのは皆無でした。

なんと子どもたちが親の愛情を感じる時というのは、こんなことだったのです。

- お母さんが笑ってくれるとき
- やさしいしゃべり方をしてくれるとき
- 話をきいてくれて、いっしょに考えてくれるとき（解決してくれるとは書いていない）
- 家族が仲良くしてるとき
- いっしょに遊んでくれるとき
- おいしいごはんを作ってくれるとき
- 病気のときやさしくしてくれるとき
- ねるときさみしかったらいっしょに寝てくれるとき（「いっしょに」の多いことにびっくり）
- 本を読んでくれるとき
- 100点ちがうかっても「すき」って言ってくれるとき
- おこるときは、おこっても、ほめるときはほめてはっきりしている

今子どもたちが、こんなことが充たされなくて、心が揺れ、もがき、悲鳴をあげているのです。

これは、なんとしても、この想いを親に伝えなくてはと、計画したのが「親子学級会」でした。

日曜参観の二時間目に実施しました。

子どもたちは床に座り、親たちには椅子に座っていただき、向き合うような形で、私が間に入り、コーディ

ネートしていくというわけです。子どもたちからは、この想いを語ってもらい、その後、親からも「わが子に生まれてきてくれてよかったと思うこと」を話してもらいました。

次々と子どもの思いを聞いているうちに、泣き出す親もありました。親は、わが子に愛情が伝わっていると思っていても伝わっていないたくさんの事実、すれ違っているんですよね。高いお金を払って、塾に行かせている、これも親の愛情だと、ところが誰一人それが愛情だなどと言わないのです。

ただ「お母さんが笑ってくれたときに、お母さんの子どもであってよかったと思う」と言うのですから、それこそ泣けてきます。それほど笑いかけてなどくれないと言います。「なあなあ、お母さん、今日ね」と話しかけても、忙しそうで「あとで」で終わりだというのです。

親に言いたいこと、注文もあると言います。

- もっと自分をみてほしい
- 「小さいころの方がいい」って言わないで
- 生まれた時は、だっこしてやさしかったけど、今は、犬にだけやさしい
- やさしいしゃべり方にして
- 夫婦ゲンカをやめてほしい
- お父さん、仕事早く帰って来て
- 赤ちゃんのめんどうもっとみてあげて
- たたかないで

……

（３年生）

とこれも次々出ました。

親も子どもに言いたいといいます。

「三年生になっても、一緒に風呂に入ろうとさそったら一緒に入ってくれるから、それがお父さんは、一番嬉しい」

と言うと、すかさず、かんなちゃんは、

「それがいやなのよ。親に言いたいことで言おうと思ってたことや」

トホホホ、頭かきかきのお父さんに教室は爆笑の渦でした。

なんとも楽しく意義のある親子学級会になりました。「またぜひやりませんか」と何人もの方から、アンコールが出たほどでした。

子育てが難しくなった今です。子どもの声の中に、困難を開くたくさんの鍵が隠されているようです。

② 修学旅行に親からの手紙 ― 母さんの子どもであってよかった ―

お母さんの発案で、「五年の時、林間に行った先から、ハガキを送ってくれたでしょ。あれ嬉しかったわ。今度は、親から子への手紙をやりませんか」と。しかし、全員集まるかなあと私の方が弱腰になっていたのですが、「みんなで手分けして集めよう」と次々段取りを進めるのです。あれよあれよと言う間に話が決まりました。子どもには秘密にしようと作戦まで考えていました。

修学旅行に行く数日前だったでしょうか、手分けして集めた手紙がまとめられて学校へ届けられたのです。なんと一人残らずです。もうこれだけで胸がいっぱいになりました。

宝物を抱えるようにして旅先に持って行きました。

一日目、きもだめしを終えて興奮して帰って来た子らに手紙の話をしました。「うちの母さん忙しいからムリ！」と言う子もいました。

静かになったところで、一人ずつ名前を呼んで渡していきます。「まだ見ないでね」

あと五人くらい残っていた時でしょうか。桃ちゃんがお母さんの手紙を胸に抱いて泣き出したのです。もらい泣きをした子も何人もいました。少ししんみりした雰囲気の中でしたが、なんと全員の手に親からの手紙が届けられたのです。「読んでいいよ」と言うと、ふとんにもぐり込んだり、押し入れに入る子ありでしたが、なんと、あの子もこの子も親の手紙を読みながら泣いているのです。こんな反応をするとは思ってもいませんでした。

身体のあまり強くない自転車屋の原くんのお母さんの手紙です。

> 善和に生まれて初めて、お母さんは、手紙を書いています。
> お母さんは、善和から一度だけ手紙をもらったことがあります。覚えていますか。去年の夏、林間に行った先から家の方へ葉書を書いてくれたでしょ。
> お母さんが身体の調子が良くなくて、病院から家に帰った時読みました。あの時、お母さんとてもうれしかったよ。
> 今度は、善和がこの手紙をみて、どんな気持ちになるかなあとお母さんは、いろいろ考えながら書いています。

なにしろ小学校最後の思い出がたくさんできる修学旅行だから、皆と仲良く、また先生の言うことをよく聞いて、元気な顔で帰って来れるように、家ではお父さんとゆうじとお母さんが楽しみに待っています。

それから話は変わりますが、この前は、お母さんが仕事で忙しい時に、洗い物と夕ごはんをたいてくれて、ほんとうにありがとう。いつも善和をおこっている日が多いけど、お母さんは善和がいるからこそ助かっているのです。いつもお手伝いほんとうにありがとう。

最後に、しっかり楽しんで来て、またいろいろな話を聞かせてね、冷えるから気をつけなさい。

お母さんより　待っているよ！


仕事を済ませ、疲れた身体でやっとひと息ついて、旅先でのわが子を想い、ああでもない、こうでもないと慣れぬ手紙を書いたであろうお母さん。しかし、その子の母親でなければ書けないあたたかいひとつひとつの言葉に胸うたれます。母のぬくもりが、どの手紙にもあふれています。顔を見合わせていたら言えないようなことが、手紙なら書けるというのも、またいいものです。あらためてわが子をみつめなおしたお母さんもあったようです。

そして、子どもたちも、その夜返事を書きました。改めて、お母さんの子どもであってよかったと思いながら、まだ涙を浮かべてペンを走らせていました。

親と子の思いが、相方にうまく伝え合えていない今日、愛情だとはき違えていたことを今一度振り返り、確かめ合うことの値うちを実感した取り組みでした。

また一つドラマが生まれました。きっと一生忘れないドラマが……

③ 親子で成長を確かめる½成人式

二十才の半分、しかも、九〜十才の発達の節目の十才を祝うという½成人式。単なるイベントの一つに終わらせるのではなくこれもまた心に残るドラマになるような取り組みにしたいものです。

子ども自身に十才のわが成長を振り返って確かめさせることと、親に取材をし、わが子への想いを言葉にしていただこうと考えていました。そんな話をしながら、子どもたちとどんな成人式を作っていこうかと相談をもちかけたのです。すると、子どもたちから、いろいろな提案が出てきました。

1　この前勉強した「いのち」（小海永二）の詩の朗読をしたい

2　恐竜オタクのえっちゃんが、「お父さんが『昔恐竜の先祖と人間は親戚だった』って言うてたから、それを勉強したい」というので、人類発生のドラマを学ぶことにしました。

3　図書館で「いのちのまつり」の本を見たけど、命がずうっとつながってる勉強をしたい。そこで相田みつお「命のバトンタッチ」の詩と絵本「いのちのまつり」（草葉一壽作）を学習することにしました。

4　ちょうどクラスで、マンガ「はだしのゲン」が流行していたので、平和にかかわる文学教材を学ぼうとこれは、私からの提案です。大川悦生の「おかあさんの木」をやることになりました。

5　親から子へ、先生からみんなへの言葉に合わせて、友だちからの言葉もほしいという提案があり、それもやることにしました。

国語と総合の学習、時には学級活動の時間も使って、学習を進めました。

①　いのち

小海永二

②花です
③虫です
㊎からだです
④鳥です
⑤草です
㊎こころです
⑥それらは　みんな
㊎いのちです
⑦いのちは　どれも
㊎一つです
⑧いのちのふるさと
㊎地球も一つ

⑨風が　吹き
⑩雲の流れる
⑪地球の上に
㊎いらないものなどありません
㊚たがいに　支えているんです
⑫見えない手を出し
⑬声を出し
㊛たがいに　支えているんです
㊚どれも　一つで
㊛どれにも　一つ
⑭全部が大事な
㊎いのちです

そして、それらを一冊の手作りの本にし、表紙も和紙を貼って美しく仕上げました。宝物がまたできあがりました。

そして、いよいよ成人式です。

二月の参観日にやることになりました。（各クラスごとに実施、学年全体で実施という学校もありますね）

教室の飾りつけは、レクリエーション係と掲示係が担当し、プログラム作成は、集会係が担当しました。

式の中では、子どもたちは、小さい頃のエピソードと、自分の10才の成長を半々に分けて発表し、お母さん方からも、わが子への言葉を何人かに発表していただきました。

そして、最後に全員で「よびかけ」を卒業式みたいに、かっこよくやりました。

子どもたち、なかなかやるな！

（ワークシートはＢ４の用紙に拡大コピーして使ってください）

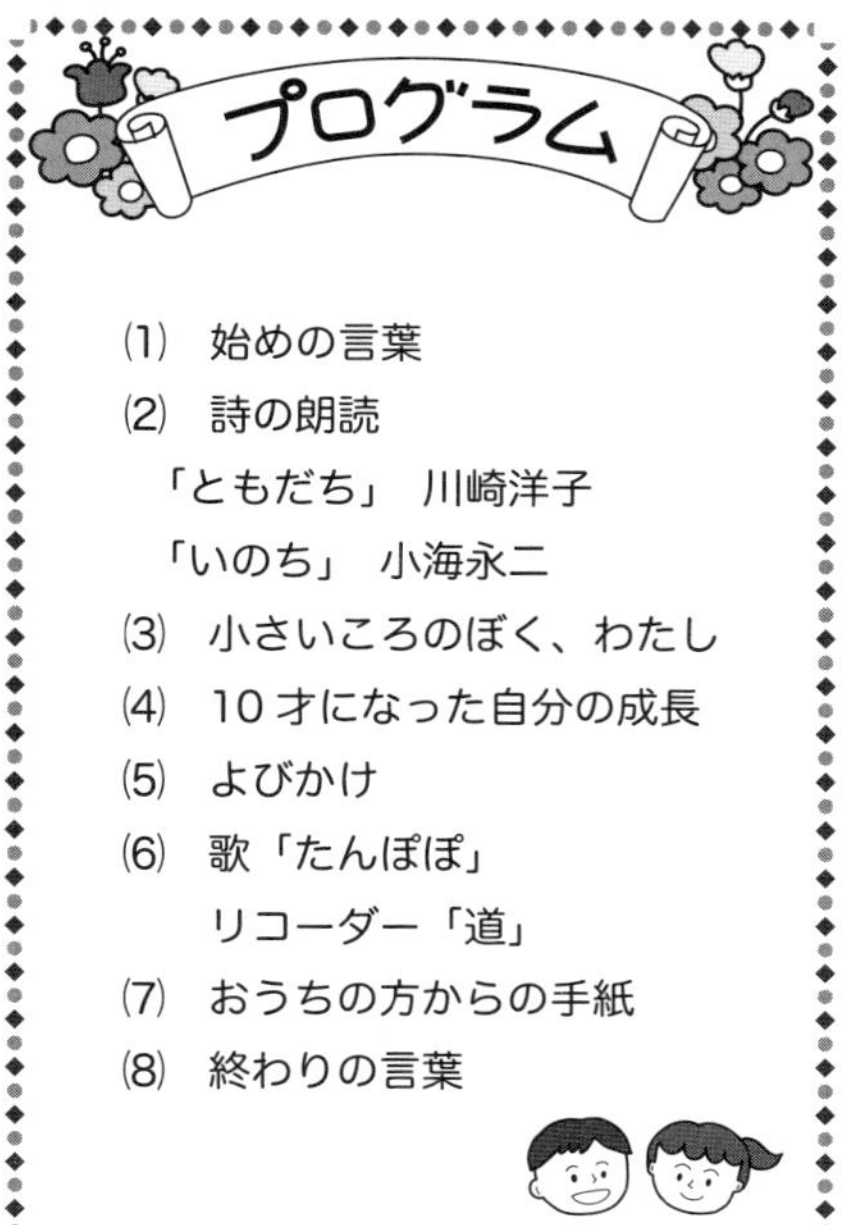

プログラム
⑴　始めの言葉
⑵　詩の朗読
「ともだち」　川崎洋子
「いのち」　小海永二
⑶　小さいころのぼく、わたし
⑷　10才になった自分の成長
⑸　よびかけ
⑹　歌「たんぽぽ」
リコーダー「道」
⑺　おうちの方からの手紙
⑻　終わりの言葉

いのちのたん生のドラマ

名前（　　　　　　　　　　）

いのちの年※	
いのち年	

お母さんのおなかの中

いのちのたん生	にんしんして32日目	34日目	36日目	38日目	40日目
。	さかな	両生るい	は虫るい	ほ乳るい	人間

40億年のいのちのたん生から人間のたん生までの長い歴史を、お母さんのおなかの中でくりかえすドラマ

※いのちの年（生まれてからの年齢）　いのち年（地球のたん生から　約46億年＋いのちの年）

10才の自分について

四年　　組（　　　　　　　　）

◆今の自分の写真◆

好きな遊び	
好きな本	
好きな勉強	
よく遊ぶ友だち	
好きなスポーツ	
心に残った授業	
大人になったら(夢)	
※	

※各クラスで自由にどうぞ。

ぼく わたしの 小さかったころのこと

四年　組（　　　　　　）

◆小さいころの写真◆

生まれた時の身長（　　　）cm
生まれた時の体重（　　　）g

話を聞いて思ったこと

友だちからのメッセージ

先生からのメッセージ

友だちや先生へ

10才の自分の成長

大和もあか

・野球の試合をして 男子と いっしょに 遊べるようになった。
・長い小説とかが けっこう読めるようになった。
・小さい子とかの世話が できるようになって、とくに 姪の 世話が できるようになった。
・国語とかで、よく発表して 自分の意見が言えるようになった。
・友だちに 注意できるようになったら、けんかが できるようになった。

大野かつき

・ぼくは、10才になって 自分って 成長したなあと思います。
前は、よく宿題をわすれてたけど 今は、ちゃんと忘れずに がんばっています。
・これからも 家の手伝いをしたり 宿題をちゃんとやるし、字もていねいに書いています。
やっぱり成長したな。

高林まさや

・算数で 倍数とかがわかるようになりだした。
・「ごんぎつね」や「おかあさんの木」の勉強で、感動できるようになった。ごんが死んだとき、涙が出た。
・大きい数字(兆、億、万)、読むときも じが読めた。
・先生のことばになれて 手紙が読めるようになった。
・友だちに教えてもらって 勉強がわかるようになって 宿題もすらすらできるようになった。

小林菜実

・友だちが ふえて よく遊ぶようになった。
・三文字の書きかたで、いろいろ考えが うかんでくるようになった。
・小説が 読めるようになった。だから 本を読むのが楽しくなった。
・言いたいことが 言えるようになった。
・学校に行くのが 楽しくなって 勉強が たのしくなった。

永江ゆうき

・ぼくは、ずっと ナスがきらいだったけど、ナスを焼いて 食べたら、おいしくて、ばんばん 食べれるようになった。
・二年くらいまでは、しゃべったりしなくて、すぐ言っていたけど、今は よく考えて 話すようになった。
10才になって ほんとうに よかったです。その自分が 気に入っています。

村松あやか

・私は、四年になって 本がもっと好きになり、自分で本を作るようになりました。
・「ごんぎつね」の勉強などで 書きこみが いっぱい書けるようになって、だんだん意見が言えるようになりました。
・係のしごとや そうじの仕事が 好きになりました。

親と子と先生と
まじょレター
4年1組 土佐学級
3月12日
NO. 278

④　親の間をまわるノート——親もつながりたい——

子どもたちが作文を書き、読み合っていると、親たちが私たちも書きたいという話が出て、はじまった雑記帳、とは言え、書くのは苦手という人もいて、いえいえ読むだけでいいんですよと気楽に回していました。何を書いてもいいのです。

- ◦わが子のちょっと嬉しい話
- ◦子育ての悩み・相談したいこと
- ◦自分の趣味・特技
- ◦得意料理・手作りおやつ、今晩のおかずの紹介なども
- ◦子ども時代の思い出
- ◦ふるさとの話
- ◦心に残っている人、先生との出会いや思い出
- ◦好きな本の紹介
- ◦仕事のこと
- ◦世の中のあれこれ、腹の立つことも
- ◦詩や歌、絵も描いていいですよ
- ◦新聞や雑誌の心にとまった記事を貼ってくださってもいい

お父さん・おばあちゃん、おじいちゃん、兄弟の登場も大歓迎。
ノートを受けとったら、長く置かないで早めに届けてくださいね。私が言葉を添えたら、また次の人に回します。時には、学級だよりに転載させていただくこともあります。

麻未の母です。
12月3日（木）
「はいこれ　まわる雑記帳　お母さんの番やでぇ〜」
と　勤めから　帰るなり　麻未から　受けとりました。
皆さんのを　ゆっくり読ませてもらいながら「わかる　わかる　その気持ち」とか「その通り」とかブツブツと　読みながら　言っている　私です。
雑記帳を　読むのは　大・大・大好きなのですが、いざ　自分が書くとなると　んーー　と　うなってしまいます。
また　私の話になりますが……
10月から　勤めだしました。月〜金まで10時30分〜4時までですが（月よう日は10時〜です）
結婚して　上の子（小4）が生まれる前まで　共働きをしてたのですが、生まれてからは　この10年間専業主婦でした。
働いている　お母さんに　比べると　我が子が学校に行っている間とか　自分の時間がもててなによりなのですが、もてたらもてたで　ふと〝私毎日何してんねんやろー〟とか　思ったりして、

今回　縁あって　勤めだして　毎日が忙しくて1日が早いなぁっと　思います。
友だちいわく　働きだして　1ヶ月ぐらいたつと毎日忙しくて、私毎日何してんねんやろーと思ってしまうでェ～　と　言っていた通り　そう　思ってしまう　わたしは……　すごくわがままですね。
子供達はというと、勤めたいと、子供達に　相談した時　上の小4の琴未は
「いいよお母さんが勤めたいのなら」と、賛成してくれました。
去年まで「学校から　帰ってきて　お母さん　いなかったら　淋しいから　絶対　働かんといてやぁー　ぜったいにいやー」って　言っていた　麻未が
「お母さんが　働きたいんやったら　私はええよ。ちゃんと　カギあけて　入れるから　大丈夫やでェ～」
と　言ってくれました。どひゃ～～　おねえちゃんになったんやなあと……　うれしかったです。
本当に主人も　子供達の理解に　圧倒され　渋々　賛成してくれました。
勤めて　もうすぐ　2ヶ月になりますが
琴未も麻未も　一段と　しっかりしてきました。
私といえば　やせる思いはしても　やせもせず
元気で毎日　ガンバッテいます！

富永達樹のドジママ
5月19日　火　晴れ
私って心配症？
参観日で、手もあげない　我が子を見ると　心配病が出て、こっそり体育の授業をのぞきに行き
元気にサッカーやってる姿を見て、ホッと　安心。
昨年の夏なんて、プールの様子を見たくて　見たくて　学校の周りを　くるくる回ったりして、変
な人です。結局　見られなかったんですけどね。という感じて、子供の事って　気になるんです。
主人なんて　四人兄弟で　たくましく　育っているせいか　私の　行動に　とても　不思議がり
「いい加減にしないと、子供に嫌がられるぞ」と一言
ひょっとして　子離れできないのかしら？　と　また心配してたところ
サッカーチームの　見学、体験に行き、「サッカーやりたい」と子供
日曜日も、頑張ってる姿を見て、子供の方から、親離れしていくんだなぁと実感しています。
と、まあ落ちこみながら子育てやってます。
これから　暑い　季節になりますが、なんでも、落ちこむとき　血液が　濃くなると　悪循環なの
で、涼しい部屋で　ピリッ　と刺激のあるキムチ、なんて食べると　よいみたい。
半日かけて　こんな事　書いてる　私ですが、よろしくお願いします。
（いやぁ　私も　長男のとき　こんなんでしたよ。なにをしても気になって、ドキドキ　ハラ
ハラでしたよ。）

ところがです。こんな親のノートの話をすると、それは、「ベテランの土佐先生だからできるんですよ。若いぼくらには、できないです」というわけです。そうでしょうか。

実は、こうした取り組みを若い仲間が実践したのです。少し紹介しましょう。

私の学んでいる研究サークルに六年目の若い由美先生がいます。一年生のクラスに病気の子がいて、手術をひかえていました。「クラスの子に忘れられたらどうしよう……」とポロッと不安をもらす7歳です。この言葉を聞き、自分に何ができるかと考える由美先生でした。

まだ我が子のいない先生は、親同士の方が、今の親の気持ちがわかり合えるのではないかと、かおりちゃんへのメッセージを募集。忙しい親たちが書いてくれるのかという不安はいっぺんに吹き飛び、集まってきたたくさんのおたよりに、由美先生は胸がいっぱいでした。

「両親の入院で私も経験しております。病院で働いてもいましたので、病院で付き添うご両親の大変さを実際に見て知っております。どうかお身体を大切になさってください。しんどい時は、遠慮もあると思いますが、どんどん甘えてください。車での送迎などもできます。お困りの時は、気軽にご連絡くださいね」

子どもたちは毎日、手紙を書き、千羽鶴を折り始めました。手術日が決まり、急ぎ鶴を折ろうと保護者にも呼びかけると、たくさんの方がかけつけてくださったのです。一組だけでなく二組も三組も協力しました。あっという間に千羽鶴が折り上がり、二人のお母さんが届けに行ってくれたのでした。

さらに子どもたちは、手術がうまくいくように主治医の先生にお手紙を書きたいと言い出し、届けに行くことになったのです。

「山川先生、かおりちゃんをたのみますよ」けんじより

「かおりちゃんを元気にしてくれてありがとうございます。山川先生大すき。しゅじゅつがんばってね」はるかより

「山川先生、ゆうたくん（クラスのマスコット人形）をびょういんにいれてくれてありがとう。かおりちゃんをおねがいします。はやく、かおりちゃんにあいたいです」みくより

みんなの大好きなマスコット人形を病室に付き添わそうと考え、お願いしたところOKが出たので「ありがとう」と言っているのです。

この主治医の先生、子どもたちの手紙を読んで、手術前の多忙な中クラスの子らにお返事を送ってくださったというのですから、まさしくドラマです。いえ、子どもたちが大人の心を動かしたのです。

「一ねん一くみのみんなへ
おてがみありがとうございます。かおりちゃんは、ゆうたくんといっしょに、まいにち、がんばっています。
みんなのおてがみで、みんながかおりちゃんをしんぱいしていることがよくわかりました。かおりちゃんも先生もがんばって、はやくげんきにがっこうにいけるようにします。みんなで、かおりちゃんをおうえんしていてください。
○○病院小児科医　山川」

手術も成功し退院してきたかおりちゃんを、子どもたちも親たちも心から歓迎してくれたことは言うまで

もありません。

かおりちゃんのお母さんは、みんなからの手紙を毎日カバンに入れてお守りのように持ち歩き、手術後になんと一人ひとりの保護者の方にお手紙を書き、お礼の言葉を届けたということでした。

今の親はモンスターだ、などと言わせません。

⑤　なかなかやります！　親の力に　びっくり！

教師一人の力には限界があります。しかし、親には、いろんな特技・能力を持っていらっしゃる方が、大勢いるのです。それをお借りしない手はありません。

さかなやのおっちゃんには、教室で実演していただきました。（一年生生活科）

ミシンの指導は、お母さんの方がベテラン（家庭科で）

天文博士の父さんが主催で、星を見る会も計画してくださいました。

人形劇の好きなお母さんや本の読みきかせの上手なお母さんにも、登場していただき、他のクラスにも出張公演までしていただきました。

そうそう読書のことを研究・実践していた時は、研究授業の中で、私がパネルシアターをやり、お母さんに読みきかせの実演をしていただいたのです。なんとお母さんと研究授業なんて前代未聞でしょ。

七夕の会を親たちが主催して、子どもたちを楽しませてくださったこともありました。その時、お寿司屋の父さんが、お寿司を作って差し入れてくださったりもしました。

親の中には、同業者の先生もいて、ゲームが得意な方だったので、ゲームや手品をしていただきました。

おじいちゃんや、おばあちゃんは、ご自分の戦争体験を書いて、子どもたちが使う教材を提供してくださいました。

碁や将棋を教えにきてくださったり、昔の暮らしを語りにも来てくださいました。

昔の遊びを教えてくださって、一緒に楽しむこともしました。（生活科）

そして、懇談会が少ないから、もっと集まって子育てのことを話し合いたいと地域に「子育ておしゃべり会」ができて、毎月集まり、私も寄せていただいていました。

親の力、エネルギーって大したもんでしょ。この力を借りて、教育活動を展開したらいろいろ面白いことができそうでしょ。

今は、「ゲストティーチャー」を招くというシステムもあり、開かれた学校が叫ばれているのですから、チャンスですよね。

6　参観・懇談会・家庭訪問

参観や懇談会は、苦手で気が重い、できるだけ減らしてくれた方がいいという風潮がありますよね。あなたもそう思いますか。家庭訪問も一軒一軒大変で、今どき親の方も時間を工面するのも大変だし、家に来られたくないという方もいるんだから、もう廃止したらどうだろうかなどという意見もあり、すでになくなっているところもあるとか……

私は、これはえらいこっちゃと何回も新聞にも投書して、家庭訪問をなくしたらいけないと訴えました。(投書は一回も載せてもらえず、ナンデヤネン！　と怒っています)

子どもを生活の中から理解し、親と手をつないで実践を進めていく上で、参観・懇談会・家庭訪問は、絶対になくすわけにはいかない重要な仕事なのです。

そこで、どうしたらその仕事が、もっと気楽に楽しいことになるのかを学んでいきましょう。

苦痛でなくなる参観に

最近の子どもたちは、「先生より親の方がコワイ」と言って、参観日は、とても行儀の良い子が増えました。いつもこうだったらいいのに、アンタらいい加減にシテヨ！　と言いたくもなりますよね。まあしかし、参観の時くらいは、しっかりやってくれるに越したことはありません。

それから最近、参観授業で、先生が授業を進めず、子どもたちが順次発表して終わりとか、英語でゲームをして楽しむ等の授業が増え、不評な声を聞くことがままあります。たまにはそれもいいでしょうが、日々やっている授業風景を見たいという要求を持っています。教科も同じものばかりにならぬよう年間通して、いろいろな教科を見ていただける工夫も必要でしょう。

①　はじめての参観日

とりわけ最初の参観日は、こちらも緊張しますが、親は、どんな先生が、どんな授業をしてくれるのか、子どもは、しっかり勉強しているのだろうかと期待してやって来ます。

㋐ 自分の得意な科目でやりましょう

㋑ 研究授業ではないので、あまり細かいことを気にせず、先生が一生懸命よく準備をしてやっているな、と感じていただけることと、子どもの出番ができるだけたくさんある場面を工夫したいです。

㋒ できれば当日までに、どんな授業をどのように進めるのかを簡単に通信などで紹介しておくのもいいですね。

㋓ 私は、当日入口に「参観のしおり」(次頁)というのを置いていて、それを見ながら参観してもらっています。

わが子の一挙一動にイライラしないで、授業の全体をみていただけたらとの思いです。

しかも、その参観のしおりに、教室の掲示物の紹介をしたり、新しくクラス替えをした時には、座席表を書き、名前を書くこともあります。親たちに、クラスの子らのことを知ってほしいからです。

㋔ 当日、詩を読む時などは、その詩を印刷しておいて、参観者にも配布します。ときには、「一緒に読みましょう」と誘いをかけることもあります。

㋕ 当日の授業で、親に不評な授業ってどんなのでしょうか。

- 先生がボソボソしゃべって、何を言ってるのかわからない。子どもの顔を見ていない。
- 子どもたちが、集中しなくて、先生が叱ってばかり。
- 特定の子だけが、活躍している。

親と子と先生と
まじょレター

3年1組 土佐学級
4月26日
NO. 19

参観のしおり

お忙しい中ご苦労さま

今日は、三年生になって初めての参観日。ちょっと ドキドキ

〈今日の勉強〉
国語「詩を楽しもう」
ことばって おもしろい 詩って おもしろいと思えたらいいな。
参観のみなさんも 一緒に楽しんでくださいね。

①「かっぱ」(谷川俊太郎)
リズムをとって 読みます
覚えられますよ

②「しんぴんのあさ」
「のはらうた」から(かたつむりでんきち)
目を輝かせて学ぶ 子どもたちそのもの。はきはきと元気よく読もう
(いろいろなパターンで 役を決めて)

③「ドレミファかえうた」
(さかた ひろお)
読んで 歌ってみよう
いい声 教室に ひびくかな。

④「かなんネン」(畑中圭一)
大阪弁の詩
・役わり読みで楽しむ
・まねっこ詩を作ってみよう
・自分で作った詩を発表し

教室の掲示物

(A) 春の花

ようく見て、一本線でていねいに描きました。
いいかげんに描いた人は 一人もいないでしょ。

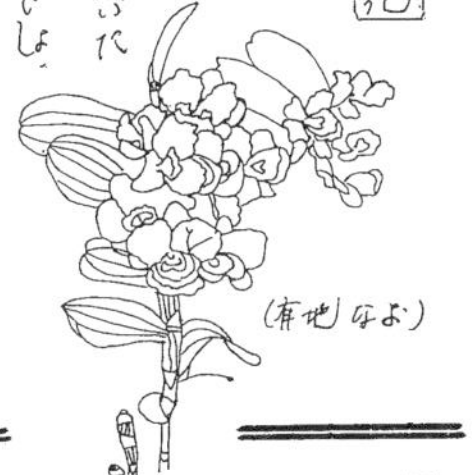

(有地 なお)

色えんぴつの色を重ねて 美しい色を作っています
「今までの絵で一番気に入ってるわ」の声

(B) 書写「この胸に」

教室がいっぺんに明るくなりました。

「あいうえお」からもう一度 文字の書き方を勉強して 書きました。
どうですか。わが子の文字 変身したでしょう。
「三年の字や」とはりきっていますよ

「こんだん会のしおり」は、別紙

きょう 帰ったら 一番に

「あんた なんやの、
あの行儀の悪さ、後ろから見とって イライラしたわ」
「一ぺんも手あげへんなあ、いつも あんなんがっかりやで もっと がんばってよ！」
など言わず、何か一つ ほめてやれることを 見つけてやって、優しい声を かけてやってくださいな。

おたより うれしいな

■ 毎日「まじょレター」楽しく読ませていただいています。学校での様子がよくわかり ほんとに安心です。親子の会話に、通信が すごく役立っています。
(元気でま〜す。つづけますよ)

■ 新学年になって 学校の話をよく自分から してくれるようになりました。とてもうれしいです
「先生 ふつうは 笑てるけど おこったら けっこう こわいネン。でもな、いっぱい いっぱい 遊んでくれて めっちゃ楽しいネン」と話してくれます。どうぞ よろしく
(こちらこそ たのみますよ)

■「T先生な まちがっても ええでって 言うてくれるから、うれしい」と子どもから聞き、ほっとしています。ひっこみじあんな子ですが、少しでも積極的になってほしいです。(大丈夫 変身しますよ)

。先生の表情が暗く、笑顔がない。
。子どもを褒めたり、励ます言葉が少ない。

この先生ならまあ大丈夫だと、安心して帰っていただけたらＯＫなのです。

②　そんなのあるの？　親が参加する参観？

親も参加する授業で、今も思い出したら笑い出すような経験があります。めったに行かない息子の参観日に出かけたのです。音楽の授業でした。「富士山」の曲を楽しく歌っていました。先生が、「お母さん方もどうぞ一緒に歌ってやってください」と言ってくださったので、ヨッシャーとはり切って歌いました。最後のところは、二部になるように高音の方を歌ったのです。ところがです。私の声だけが、特別目立ったようで歌い終わるや息子が後ろを振り向いて、「二度と来るな」と言ったものですから、一同大爆笑です。その息子は、今は、プロのシンガーソングライターとして、あちこちのライブやコンサート会場で歌っているのですが、オカンに「絶対来てや」と言います。

そうです。**音楽**の授業で一緒に歌ってもらうのも楽しいですよね。

社会の授業で「区役所の仕事」をやった時は、お母さん方が、どんな用件で区役所に行かれたのかをインタビューして、授業に参加していただきました。

家庭科でミシンの授業や調理実習などは、グループごとにお母さん方も入っていただき、一緒にやりました。

体育で親子ドッチボール大会やリレーなど一緒に楽しみました。

親子学級会の取り組みは、一七九頁で紹介しました。

習字で「墨で遊ぶ」の授業では、自分の好きな字を、イメージ豊かに絵で表現することをやりました。風だって台風の風もあれば、そよ風もあるでしょ。それを文字で表現するわけです。墨って面白いという体験をしてほしいからです。（布をちぎって書をかいたり、枯れ草を束にして筆にしたりダンボールを切ってそれで文字や絵をかくなどもしました）

そんな授業の時は、参観者にも紙を配って一緒に書いていただくのです。B5の大きさの画用紙や上質紙で、でき上がると黒板に貼っていくのですが、ちょっとした展覧会場になります。帰っていく親たちが、「今日の参観楽しかったよねェ」という声が聞こえてきました。

図書室で、**図書**の授業もします。一緒に座って親も子も読書をするのです。グループごとに座って、その中のどなたか一人に**読み聞かせ**をお願いすることもあります。

詩の授業では、かけ合いで読み合って楽しみます。

谷川俊太郎の「きりなしうた」などは最適です。

私は親の側について一緒に読みます。だんだんのってきて子どもの声も大きくなり最初恥ずかしがっていた親も、子どもに負けじとやるんですよ。

なんだか参観授業も面白いでしょ。

きりなしうた

谷川俊太郎

（親）しゅくだいはやくやりなさい
（子）おなかがすいてできないよ
（親）ほっとけーきをやけばいい
（子）こながないからやけません
（親）こなはこなやにうってます
（子）こなやはぐうぐうひるねだよ
（親）みずぶっかけておこしたら
（子）ばけつにあながあいている
（親）ふうせんがむでふさぐのよ
（子）むしばがあるからかめません
（親）はやくはいしゃにいきなさい
（子）はいしゃはははわいにいってます
（親）でんぽううってよびもどせ
（子）おかねがないからうてないよ
（親）ぎんこうへいってかりといで
（子）はんこがないからかりられぬ
（親）じぶんでほってつくったら
（子）まだしゅくだいがすんでない

※（また最初にもどるので〝きりなし〟のうたなのです。）

③　参観の感想や意見を聞く

ちょっとドキっとするかも知れませんが、親に参観のひとこと感想を聞いたり、これからやってほしい参観の要望などを聞くと親の参観への姿勢が、積極的になります。

教室の入口に置いておいて、書いていただくのもよし、クラスの雰囲気も考えて、（強制にならぬようにしたい）ひと言カードを子どもに持って帰ってもらって、翌日出してもらうのです。

その中から、通信にいくつか紹介すると来られなかった方も、どんな参観だったのかわかっていただけたりもします。

参観・懇談のひと言カード

ごくろうさま

本日の参観・懇談の感想やご意見、いい足りなかったことなどひと言お書きください。

次回の参観でとりあげてほしい科目・懇談でとりあげてほしい話題など

（　　　　　　　　）

●「たくさん書かないといけない」と思わせないように、Ｂ５の半分の紙に印刷します。

参観・こんだん会 ごくろうさま

最後の参観日でした。1/2成人式をいっしょに祝ってくださってありがとう。きっと思い出にのこる式になったことでしょう。

詩の朗読・よびかけ・歌やリコーダー そして 号令やあいさつも上手にできりっぱでした

胸をはって五年生に進級できることでしょう。

かんそう その1

＊1/2成人式大成功でしたね。みんな練習がんばりましたね。とても良かったです。私は、ぜったい泣いてしまうと思い、ろう下で見せていただきました

それでも、涙してしまいました

とくに「よびかけ」と「たんぽぽ」の歌が心にひびきました

今までの10年間がいろいろ想い出されました。親にとっても子育ての節目です。子どもも今日の1/2成人式のことを忘れないでしょう。いい記念になりました。

＊今日の1/2成人式、保護者の方々がろうかにあふれかえるほど来てくれて、みなさん楽しみにこの日を待っていたのだなあと感じました。私は、最後のうたをきいて、胸がつまり、涙が出てしまいました。なんていい詩なんだろうと…

そして、最後となるこんだん会で しみじみ思ったこと。(今日も23人もの人が参加) 親どうしとても身近に感じられ、仲間のように思えることです。

「まじょレター」で子どもたちのことを知ったこと…親ごさんのことも親しく感じられたんだと思います。

これは、私にとってすごい収穫をえました。5年になって、さらに仲よくさせていただけたらと思っています。

ご心配おかけしました。
"ほっときなはれ"

こんだん会の席で 胸の骨が イタイ イタイ！ "ひびが入ってるかも…" と めったに行かぬ病院へ とうとう行きました。レントゲンをとってもらいました。

はかばか元気で おもろい外科医。(私と二人なら吉本やれそう)

「先生もうトシだから、ホネがもろくなってるんじゃないですか」

「まあ このレントゲン結果見てごらん」

「ひびでも入ってますか」

「何いってまっか！ ひびどころか ピンピン やがな。どこもわるない」

「でも痛いんですが…」

「だれでも あたったら 痛いですよ。ホネも若いし、大ほうおや。ほっといたら 治りますよ。ほっといたらええ 子どもと どんどん遊びなはれ」

(ホンマカイナ！ こんなにイタイのに ヤブイシャ ちがうか？)

「ハハハハ ほっといたら 治る！ 治る！」と 帰りぎわも…… ホンマカイナー あ〜 イタッ！

インフルエンザ発生

一組の子どもたち、みなとても輝いてて、かわいくて、とても好きです。わが子も生き生きとして学校で生活していることを確認しています。親も子も確実に変わったんですね…

インフルエンザにかかった人がでました。今日は4人も欠席で心配です。手洗い うがい すいみん いつもより念入りに気をつけて！ もうすぐ春よ

4の1 土佐子級 3/25 NO.555 (265)

親と子と先生と
まじょレター

④　なかなか来られない親への心配り

　私自身も三人の子どもの参観には、めったに行けませんでしたから、行けない親の気持ちもよくわかるのです。行きたくても行けない親たちです。

「先生、時給が○○円やろ、二時間抜けたら大変なんよ。また行かれへんわ」

　勉強のわからない子の親も、また学校に向かう足が重たいのです。来られても、教室の中に入らず、廊下にいる方もいますよね。

「ちゃんと授業見んと、廊下でベラベラしゃべって、今頃の親は、けしからん」と一方的に決めつけたくないですね。見たくないのです。

「お母さん中へ入って、ちゃんと見てやってよ」と中へ誘導することもあります。

　親に電話をかけ「明日の参観日は、来てやれませんか。子ども待ってますよ」と誘うこともあります。

「先生、そらうちかて行ってやりたいけど、生活かかってんねンｏ明日は、無理やわ」と。

　こんな時は、子どもに、

「お母さん、やっぱり仕事、ぬけられないみたいやなあ。でもね、本当は、茜ちゃんが勉強がんばってるところ見たいって言うてたよ。仕事しながら、今頃算数がんばっているかなあって思いながらやってるって。しっかりやろうね。茜ちゃんの様子、お母さんに伝えてあげるね」

　と話をします。

　そして、連絡帳にこの日の茜ちゃんのがんばりぶりを書いて、報告してあげたりもしました。

父子家庭のたけしの父ちゃんもなかなか時間がとれないのです。父ちゃんにエールを送る気持ちで、よく電話をかけては、たけしの参観日の様子を伝えました。

だからこそ「今度は、ぜひ行ってやりますわ」と来てくださったのでしょう。

残ってみたくなる懇談会、その工夫

参観も苦手だけど、懇談会は、いっそう嫌で、なくなればいいのに……と思っていませんか。しかも残る人は、決まっていて人数も少なくて、せっかく準備してもがっくり！

おまけに、子どものことで話をしたいと思ってる人に限って残ってくれず、とりたてて言うことのない子の親ばかりが残ってくれるから意味ないし……

いえいえ、親たちは、子育てのことで悩んでいて、話をしたり、聴いてもらったり、アドバイスをもらったりする場を求めているんですよ。「学力をつける為に親にできること」などというテーマでやると、驚くほどたくさん残ってくれます。そして最大のポイントは、行ってよかった、また行きたいと思える懇談会にすることなのです。


〈こんな懇談もう行きたくない〉

。残ってみたが、先生が一人話をしたり、同じ方ばかりがしゃべって面白くなかった。

。しかも、先生は、子どものダメなこと、気がかりなことばかり話して、まるで親が悪いみたいに言うから、いてられへんわ。「すみません」しか言われへんやろ。

。先生って、難しい教育用語みたいな言葉で話すから、私らには、わからへんわ。

。いつも同じようなテーマで、また行っても一緒やろ。

。みんなが帰り出したら、なんか残りにくくなってね。

。あの人の顔も見たくないから一緒に帰りたくないわ。（親同士トラブっている）

これでは、また時間をさいて残ってみたいとは、思えませんね。

どうしたら、残ってみたいという懇談会になるのかを書いていきましょう。

①　初めての懇談会の持ち方

この時ばかりは、親も先生の考え方など知りたくて、残ってくださる方が多いものです。（学校によっては、懇談会に残るという空気がなければ、最初からでも少ない場合もあるようです）

大切なことは、先生の子ども、教育についての考え方を知ってもらうことと合わせて、親同士をつなぐことに意識を向けることです。

そこで、こんな工夫を。

まず机の上に、名前を書いた三角柱のようなものを用意して、お互いの名前がわかるようにします。

そして、先生の簡単なお話の後、一人ひとりの親に、自己紹介、と言っても名前だけでは心に残りません。

わが子のかわいいところやいいところを一言添えていただきます。「え〜ありませんわ」とか言われますが、みんなあるのです。「ない」とか「恥ずかしい」と言われても、遠慮して引いてしまわないことです。「他の人に、わが子の悪口言われてもせめて親は、しっかりわが子のええところ言ってやりたいですよね」と押してください。「よしひろの母です。いつもやんちゃで、ご迷惑もかけていると思いますが、仲良くしてくださってありがとう。今、母が病気で看病中ですが、あの子ほんと優しい子で、助かっています」「どんなところが優しいのか教えてくださいよ」というと、「母が、寝むれないと言えば手を握ってやるし、背中が痛いと言えばさすってやるし、私の方が教えられています」

学校では、やんちゃ坊主で、ケンカもしばしばのよしひろくんの素顔に触れて、他の親たちの表情も優しくなりました。

そこでお母さんが、わが子のいいところを話してくださったら、その場で、先生は、自分のとらえたよしひろくんのいいところ、がんばりを紹介してあげるのです。

「優しいですよね。いくらケンカしても、よしひろくんは、弱いもんには手を出さないですよ。ゆうちゃんが『友だちいない』と泣いてたら、『ゆうじ、来い』と連れ出してくれるのも、よしひろくんですよ。いい子に育っていて、嬉しいですね」

と、一人ひとりお話をしてもらっては、私もその子のことを語るのです。

これだけでも、親たちは、先生は、一人ひとりの子どものことをみてくれているんだと安心してくれるようです。

この後、この一年自分は、どんな子どもに育ってもらいたくて、どんな学級経営をしようとしているのかを、易しい言葉で語りたいです。少しは勉強してるんだぞと見せたくてつい難しい教育用語など使ったりすると、親からは、かえって反発を受けます。

何はともあれ、この先生は、子どもが好きで、子どものことを大事にしてくれるということが伝わればいいのです。子どものかわいい話、ちょっと素敵な話を喜んで語ってくれる先生の姿に勝るものはないのです。

最後に、これからの懇談会で取り上げてほしいことや懇談会の持ち方で要望や意見を出していただくといいですね。

②　答えられない質問とか聞かれたらとドキドキ

大丈夫です。答えようと思うからドキドキするのです。まだ子育てもしていない若い先生に、そうそう子育ての質問に的確な答など出せなくて当然です。わかったようなことを言う方が浮いてしまいます。じゃあ、どうする？

「先生、何回言うても何でも出しっぱなしで、片付けしないんですよ。どうしたらいいでしょうか」

ドキッ、自分も片付け下手やのに……それも正直に、「ぼくも一緒です。教えていただきたいくらいです。ところで、うちの子も、片付けないと困っている方、いらっしゃいますか」

と聞くのです。いるいるたんさん……まあみなさんも同じように困っていたんですね、とまずは安心します。

「じゃあ、うちの子は、少しは片づけできるわという方、どうやっているのか教えていただけませんか」

と、答えを他のお母さんから引き出すのです。

「なるほどぼくも勉強になりました。じゃあ学校でも曜日を決めて、朝の会で机の中やロッカーの片付けをやらすることにしましょう」

とこんな具合に、親同士が子育ての知恵を交流しあえばいいのです。先生は、そのつなぎ役や引き出し役でいいのです。

中には、答えにくい質問もありますから、その時は、「もう少し時間ください。いろいろ尋ねたり、勉強してみます」と正直に返せばいいのです。

③ どんな懇談会なら行ってみたいですか？——親の声を聞く——

どんな懇談会の内容なら行ってみたくなるのか、今、親たちは、どんなことで悩んでいるのか、これを知らずして、人は集まりません。学年の先生方と相談して、小さなアンケートの紙でも配って、声を聞くこともよし、学級委員のお母さんに、声を聞いていただくというのもいいでしょうね。

学力問題、友だち関係やいじめ問題、思春期の自立、ケイタイ問題、塾や習い事、親子関係のあり方等は、大きな関心事でしょうね。

④ 「こんだんのしおり」

まずは、今度の懇談会では、どんなことをテーマにするのかを事前に知らせておくことです。そして、当日は、やはりそのテーマにかかわる資料を「こんだんのしおり」として、準備しておきたいです。

いくつか参考になればと資料につけています。活用してください。

子育てのことを書いた本（拙著「子育てがおもしろくなる話」「子どものまなざし」日本機関紙出版センター刊　なども

たんぽぽつうしん

一年学級こんだん会の資料

入学して3週間、どんな顔をしておうちに帰ってきていますか。つかれが出ていませんか。子どもたちとてもしっかりしていて、一日一日かしこくなっていくのが、目に見えるようにわかります。今日は、子育てのことについてごいっしょに勉強する機会にしたいですね。

こんだんのしおり

4.27 NO.19

（一）命を育て、命を守ること
- 一生健康に生きられる身体の土台づくり
- 生活リズムをととのえること
- 脳をきたえる

◆早めに起き、早めに寝ていますか
（しっかりねている間に、体も脳も成長します）
◆朝食はたべていますか
◆朝、ウンチをして学校へ来ていますか（出なくてもトイレにいく習慣を）
◆あ〜おなかすいた！　とよろこんで食事をしていますか
◆太陽の下で、汗をかいてよく遊んでいますか

一年生の子のこころと体は、ひとつです。こころの不安が体にでたり、体調がこころの不安にでたりします。早めにサインをよみとり、心をくばりたいです。

学校へあがると、つい勉強、勉強になりがちです。からだのことや（便のようす、つめなども）心の状態に目を届かせましょう。

（二）しっかり抱いてやり、安心とぬくもりを
まだまだ抱きかかえ、あなたのことが大好きだよと甘えさせてほしい（甘やかしとはちがう）一年生。たっぷり甘えられた子は、人を信頼します。安心のふところがあると、一人で歩き出します。子どもが、さびしがっていませんか。

（三）自立にむけて自律の力を育てたい
◦自分のことが自分でできる
（衣服の着脱、身の回りの片づけ、トイレの使い方、手洗い等々）
――やり方をしてみせて教え、やらせてみて、できるじゃないのとほめ励ます）
◦ちょっとがまんできる力を、そのためには親が子どもをまつことが大切。
◦こつこつやる力を。

（四）人と人とが、どうつながって生きるかを学ぶ（社会性の土台）人づき合いは学力の大もと
◦愛されて育った子は、人を信じ、人を愛します。たっぷり愛情こそ。
◦友だちと遊ぶ楽しさを（遊びは子どもの発達のおおもと）
◦友だちとのトラブルは人間関係の勉強です。親がびくびくしたりすぐ口出ししない。
◦家の仕事を分担し、助け合って生活する体験を

（五）学力の基礎づくり――できないことをせめるのでなく、少しでもできたことをほめて。
大切なこと――集中力、聞きとる力、根気強さ、ていねいさ、読む力、豊かな経験、
ゆたかなことば、好奇心（見たがり、知りたがり、やりたがり）
◦毎日少しでも勉強する（読む、かく、計算）習慣を。
（こころよい状態でやらせることが大事）
◦テレビにつかりっぱなしはだめ（見る番組、時間を決めるなど約束を）
◦しっかり話をきいてやり、自分のしたいこと思ったことが話せるように
（たどたどしくてもいいのですよ）
◦学習の用意が少しずつ自分でできるように

（六）ゆっくり、失敗をさせながら、気ながく子育てを
（失敗やまちがいをする、あなたがいいよのメッセージ）
――イライラと、あせりは、子どもをだめにします。かあちゃんにこにこ――
子どものかわいらしさを楽しみましょう
100回「勉強しろ」というよりもおいしいごはんを！

四年生こんだんのしおり

（学年こんだん会資料）

九・十才　大きな育ちの節目
この節目をしっかり越こさないと思春期
学力や自立につまずきが出てくる。
$\frac{1}{2}$成人式（10才）を祝うことの大切な意味
もう一度四年生がなぜ大事かをたしかめ合いましょう。

4年生になると

- からだに変化
  全身運動・手先
  食べざかり
  性的なことへの関心
- ものを考える力に変化
  抽象的な思考、
  時間・歴史への関心
  知的好奇心
  仲間の中での自分意識
- 自己主張が強くなる
  理屈をこねる→どう受け止める。
- 社会性が発達
  遊びも活発、親よりも仲間

ああおいしかった。満足できる食事
食と脳の関係

子どもの生活をふりかえる機会に
（学年が上がると乱れてくる……）

大人を意識し、自分の未来の大人像
～のようになりたいと思うようになる。
～のようになりたくないとも
あこがれられる大人に

知的好奇心、勉強のおもしろさ

仲間といっしょに遊び、いっしょに行動し、仲間といっしょにわからないこともわかるようになる体験

熱中する体験、困難にいどんでやりとげる成功感を

身体を動かし、汗をながすおもしろさを

自分の存在をことのほかもとめるとき

仲間の中で、みとめられたい、自己主張をうけとめる大人がいる

すぐれた芸術や文化にふれ
生のものにふれる機会を

言葉は、学力と自立のカギ
ものを考えることば、コミュニケーションすることば、自分をコントロールすることば、
書く力をのばす、読書力をゆたかに

四年生や
もう手をはなそう

安心のふところがあって
はじめて
子どもは自立できる

高学年　懇談会資料

思春期真っ只中へ

一番不安定な時期へ。揺れ悩みながら自分探しをしていく。とりわけ人間関係に悩み。将来への不安も出てくる時。性の問題も大きくなる。

親としてこころがけたいこんなこと

《依存しながら自立する》

（突き離すのではない。安心のふところがないと飛び立てない）

①「何があっても、どんなあなたでも、見捨てへんよ」のメッセージを

②揺れ、悩むとき —— 聴き役に

親が忙しくてイライラしたり、聞いてるつもりがついつい親の方がしゃべる、説教するなどだと、話をしなくなる。

③子どものことを理解する努力を

- 不安定な時期、ダラけたりイラついたり投げ出したり、それは不安のあらわれと受け止めたい。共感が大切。
- 根ほり葉ほり聞き出さないで。親の知らない世界を持ってあたり前。
- 友達のことにケチをつけない。
- 子どもの考え、主張を認める場も必要。
- いじめのサインを見落とさないように。

④点数、競争にかりたてない。

テストの点数だけでわが子をみないで。

競争にかりたてると友達を失い、人間嫌いになる。

⑤親として、ゆずれないものを持ち、毅然とする時がいる。

子どもに迎合しない。きびしさは要求しても体罰はしない。

どんなときに毅然とするか —— 親が何を大切にするか。

⑥親としてどう生きているかをしっかり見られている。

こんな大人になりたくない。

⑦100回「勉強しろ」というよりもおいしいごはんを

よければ）から引用したり、そのままコピーしてそれを使って、親と学び合ってくださると嬉しいです。お母さんが、今日は少し賢くなれたと満たされて帰ってくだされば、一層嬉しいですよね。帰ったら、その資料を冷蔵庫の扉に貼ってカーッとなったら読みかえしているという方もおられました。

時には、子育ての講演会に出かけ、テープやＣＤに録音して、そのまま懇談会でその一部を聞いていただくこともします。

少年事件をきっかけに、子育ての不安を出して来られた時などは、みんなそれぞれ自分の思いを存分に語り合いました。その時、先生は、聴き役に徹することです。あれこれ、意見をいわず、しっかり聴くことで、みんなも話が出しやすくなるようです。

⑤　懇談会で、こんな楽しいこともできる

懇談会って、いつも話し合いというのでは、おもしろくありません。集まって何か楽しかったという体験、その中で、親同士が仲良くなる場にしていきたいのです。

。手作りおやつの作り方の交流会。きっと得意な方がいるので、家庭訪問の時などに声をかけておきます。

。家庭訪問の時に、フィルムケースを使った一輪差しや紙人形などをみつけたので、作り方を聞き、これならみんなで作れると思い、「今度懇談会でみんなでやりませんか。教えてあげてください」と予約しておきました。

こんな作業をしながら、「ねぇうちの子まだ寝小便するんだけど、どう思う？」などと肩の力をぬいた子育てのおしゃべりができていくのです。

◦図書室で懇談会をして、ブックトークをしたり、実際に親自身も子どもの本を読む機会を作ったのも楽しかったです。

◦美味しい簡単弁当の作り方の交流会。実際に作ってきてくださった方もあり、盛り上がりました。

とまあ、それぞれの学級で親の特技なども生かし、こんな場を作ると懇談会も、また行きたいものに変わりますよね。

こうして親同士が仲良くなっていくと学級が変わってきますよ。第一先生自身が楽しくなるから何よりです。

⑥　話し合ったことは通信で発信

参観のところでも書きましたが、参観の「ひとこと感想」の紙に「懇談会のひとこと感想」も入れています。

懇談会に出た感想もいただき、それと一緒にその日、懇談会で出された意見なども紹介し、来られなかった方にも発信するのです。

読むと、そんな会だったのなら次回は、私も行ってみようかと思っていただけたらラッキーです。

何度も書きますが、人をつなぐには、発信しないと何も生まれません。教師は、発信し、人をつなぐその要にいる仕事なんですよね。

家庭訪問――子どもを知り、親と仲良くなる絶好のチャンス

①「幸福の黄色いハンカチ」遊び心で訪問

私は、わが校区でも迷子になるくらいのちょっと有名な方向オンチ。一年生の担任の時は、子どもに聞いても、これまた迷路、そこでちょっと遊び心を発揮して、通信に「『幸福の黄色いハンカチ』みたいに、黄色のハンカチが出ていたら、わかりやすいなあ」なんて書いたのです。そうしたらどうでしょう。二階のベランダから、布団たたきの先に黄色いタオル。マンションの入口に黄色の矢印、玄関のノブに黄色のハンカチ。黄色い服を着た親子が、道で手を振ってくれる人、とまあ、何とも愉快な訪問です。いっぺんに仲良くなれました。

玄関にぶら下がっていた黄色いタオルを頭にかぶって、「ごめんやす」なんて言って入って行ったら、大笑い。楽しい訪問です。

② でも……何をどう話していいのやら……

まず一番目は、子どものほめてあげたいところを二つ三つ用意して、お土産に持って行きたいです。そして、お家の方から聞かせていただきたいことを前もって、通信などで連絡しておくのです。

。生活のようす　。どんな子どもに育てたいか　。わが子のいいところ、かわいいところ
。こんなところは、変わってほしい　。子育てて、困っていることや悩んでいること
。健康上のことで気がかりなこと　。これだけはしつけたい　。担任や学校への要望

そうすると、親の方も心づもりをしてくれていますから、話がはずみます。大丈夫です。

③「家庭訪問カード」これでバッチリ!

これがあると、一層大丈夫です。

前もって、この訪問カードを配ります。学年の先生方と相談して、一緒にされた方がいいでしょう。

一週間くらい前に配布（家庭訪問の日時を連絡するプリントと一緒に配布してもよい）回収はしないで、当日訪問の時に、いただいて、それを見ながら話をするので話が進めやすくなります。

上段の生活欄のところだけは、前もって記入しておいていただき、下段のところは、当日話をしていただくもよし、書いていただくもよしです。たいていの方は、すでに書いてくださっていて、父親も一緒にという家庭もありました。

当日、このカードを見ながら、「へ～え、物作るのが好きなんですね。どんな物作ってるんですか」と言えば、「先生こんなガラクタですが……」と見せてくれます。「こりゃあおもしろい！　なかなか工夫してますねえ。これ明日クラスのみんなにも見せてあげたいので貸してくださいね」と言って、預かります。家庭訪問は、こうして、子どもの知らなかった一面を知り、それを教室に持ち込むことで、その子に光が当たっ

家庭訪問カード

名前

A．生活のこと

	項目	（かきこむか○をつける）			
1	起床時間	時	2	就寝時間	時
3	すいみん時間	時間	4	ひとりで起きられるか	ひとりで起きる・起こされて・半々くらい
5	歯みがき	朝晩する・どちらかのみ・みがかない	6	はい便	毎朝でる・一日のうちで一回はでる・でない日もある（ふきそく）
7	衣服の着脱	自分でできる・てつだってもらうこともある	8	あいさつ	いわれなくてもできる・いわれたらする・しない
9	テレビゲーム	一日（　　　　）時間くらい	10	整理・整とん	きちんとできる・いわれたらできる・親がする
11	家のしごと	きめられたことをしている・そのつどたのむとする・あまりしない	12	遊び	よく外で遊ぶ・家での遊びが多い・友だちとあまり遊ばない
13	読書	本を読むのがすき・あまりすきでない	14	宿題	すすんでする・いわれてする・なかなかしない

（家のしごと）決めた仕事をしている時はどんなしごとか書いてください

B．どんな子どもに育てたいか

C．わが子のいいところ、かえていきたいところ

D．子育てで、今気になっていること

E．健康上のことで気がかりなこと

F．放課後の生活、あそび、友だち関係家庭学習など

G．これだけはしつけている。いえしつけようと努力している点など

Ａは前もって記入ください。ＢからＧまでは、書いてくださってもよし、当日お話しくださってもけっこうです。このカードは訪問の当日、担任にわたしてください。よろしくお願いします。

●Ｂ４の用紙に拡大コピーして使って下さい。

て、また次の活動が生まれるのです。(後に、「工作博士」になって、よく飛ぶ飛行機作りの講師として活躍)

「わが子のいいところねえ、ありませんわ。毎日怒ってばっかりですよ」

「この前ちょっと、かわいいなあとか、あれ優しいなあと思ったことってありませんか」と少し突っ込んで話を聞きたいです。わが子のかわいさを今一度親もまた確かめる機会になります。

健康上のことは、きちんと聞いておき(平熱が低いとかも)メモして帰ります。薬の服用を続けているなど治療中の病気などは、一層細かく聞いておきます。またてんかんや心臓病など日常的に注意を要する児童には、いざという時の対応策についてもよく相談し、聞いた話を保健室の先生にも連絡しておくといいでしょう。

こうして聞いた話は、訪問カードに記入していくと、メモされたみたいな違和感がなく、自然体でできるのもいいところです。

④　お茶が出されるんですが……

学校から訪問の案内プリントが配布される時に、「お茶やお菓子はご遠慮ください」等と書かれていることもあります。しかし、四角四面に考えなくてもいいでしょうね。子どもを帰して、息つく暇もなく駆けつけた一軒目、冷たい飲み物が用意されていて、「先生どうぞ、お疲れでしょう」と言ってくださっているのに、「いや学校としては、遠慮するように言われていますので」とか「どこの家庭からも出されると、あそこでいただいたのに、ここではみたいになるのも……」などと言って、口をつけられない先生もいて、親としては、かえって距離を感じてしまわれるようです。

20数年ぶりに出会った教え子とお母さん、懐かしい話に花が咲きました。その時、「うちがうどん屋をしていたでしょ。夕方遅く訪問に来てくださって、先生もお腹がすいていらっしゃるかと、私が作ったうどんを出しても、どの先生も食べはれへんのです。土佐先生は、『おいしいなあ』と言って食べてくれはったの。嬉しかったですよ。親は、こんな付き合いしたいのに、今の先生、みずくさなってね」と話してくださったのです。うどん一杯に込められた親の思いを形だけで拒否する先生にはなりたくないなあと思いますが、こんなことにもピリピリ気をつかってしまう今があるのでしょうね。

中には、「先生、私が焼いたクッキーだから食べてね」と、子どもがくれることもあります。喜んでいただきます。

わが家の三男は、担任の先生があんパンが好きだからと、自分の小遣いで、あんパンを買って用意して待っていたこともありました。その先生は、喜んでくださって、「早速いただくわ。先生お腹すいてたもんね」と言って、おいしそうに目の前でパクパク食べてくださったのです。息子の心もほっこり、そんな姿を見ていた私は、この先生になら息子を安心してまかせられるわと思ったことでした。

⑤　玄関先の訪問と言うけれど……

それぞれのご家庭の違いで、玄関先に座ぶとんを置いて、ここでと言われるところもあります。中へどうぞと案内されるところもあります。その時に頑なに「いえいえ玄関先で結構です」と言わないことです。子どもを知るには、子どもの暮らしを知りたいです。子どもや家族が、どんなことに心寄せて、どんな暮らしを作っているのかを知らずして、子どもを知ったことにはなりません。

子どもの絵等の作品が貼られていたり、お母さんの刺繍の作品が飾ってあったり、父ちゃんの野球の優勝トロフィーが大切に飾られてもあります。おじいちゃんの盆栽もあれば、おばあちゃんが作られた手作りの人形も飾ってあります。

子どもが拾って来た昨年のどんぐりが大切に置いてあったり、飼っているカブト虫もいます。毎年卵から産まれるというカタツムリもいます。本箱をのぞけば、親子の関心事もわかります。

子どもの勉強している部屋や机を見せていただくこともあります。さすが昆虫博士だと感心する本やグッズがいっぱいの子もいます。ハンカチ、ティッシュ、名札など明日忘れないように用意する箱が置いてある子もいて、感心。マンガをいっぱい描いたノートも置いてあります。

こうしたことをいろいろ知って帰れる訪問と、玄関先で何も見ず、知らず帰る訪問とではこれからの教育のいとなみが、大きく違ってくることでしょう。

訪問は、子どものことを一つでもたくさん知って帰る、かけがえのないチャンスなのです。

⑥ 知ったことを生かす

折り紙で鶴が連結してつながった美しい作品が飾られている家庭がありました。

聞くとお父さんが作られたと言うのです。なになに子どもも五つくらいつながる鶴なら作れると言います。早速、それを借りて来て、翌日みんなに見せてあげると、「ぼくらもやりたい教えて」と、教室は、折り紙ブームの到来です。教室にまた文化が生まれるのです。

木切れや木の実で作ったおもしろ工作の作品が置いてある家庭もありました。親子でキャンプにもよく出かけるそうです。そこで拾ってきた木切れ、流木、石、木の実等で作品を作って遊ぶというのです。うん、これはおもしろい。図工の作品展にやりたいなあと興味津々。この年の秋の作品展は、学年みんなで、木切れ工作展を開催することになったのです。

小さい頃から読み聞かせを続けて来られたお母さんから、その話をいろいろ聞かせていただきました。「今度一度、図書の時間にでも来て、クラスの子らに読んでやっていただけませんか」と頼みました。

それが実現して、わがクラスのみでなく、学年全部のどのクラスへも読み聞かせに出かけてくださったのです。訪問で出会ったいろいろな文化を教室に持ち込み、学校で発展させていく。これも家庭訪問の醍醐味なのです。

⑦ 時間の連絡は、きちんと

訪問日は、親の方も予定をたて、時間を合わせて、いつ来るのかいつ来るのかと待ってくださっています。と言っても、長びく話もあり、そうそう時間通りにはいきませんが、その時は、必ず連絡を入れることです。「三十分遅れていますから、よろしく」と。こんなこと一つでも先生の誠実さを感じ、この先生にならと安心も届けられるのですから。

⑧ 「家庭訪問記」

訪問期間は、毎朝少し時間をとって、昨日の訪問で聞いてきた話、みんなに知ってほしいことなどを一人ひとり紹介するようにします。先生一人が知るだけでなく、クラスのみんなにも知ってもらうことで、学級

まじょレター

親と子と先生と

3年1組 土佐学級 5月9日 NO. 30

家庭訪問記 NO.1

たからものは おかあさん 小林さん

なんとうれしいことばでしょう
「まなみちゃんの宝物なあに」しばらく考えて「お母さん」

早ね・早起き リズムのある生活ができているのがいいなあ。

父ちゃんと週一回ボーリングに行くそうな。父ちゃんといっしょが うれしいね。

歌が好きで自分で考えた歌も! きかせてよ!「プールで泳いでいる時が一番楽しい」というまなみちゃんです。

子ども心が光ってる 杉山くん

なぞが とけました。あの豊かな感性と子ども心が どこで はぐくまれたのか!
玄関入ったら 小さいころの絵が一枚。どんぐりの木と実(昨年の秋の)が、大切にかざられていました。部屋に入ると今度は、お母さんの好きな絵や手作りの作品が あちこちに
そして、続けてこられた本の読み聞かせ
ああ なっとく!

テレビを見る時間が なくなるくらい 友だちと遊ぶ生活があるのが いいな。

知りたがり 好奇心いっぱい 杉江くん

「算数の歴史はおもしろい」という本を借りてきて、楽しんで読んでいます。

いろんなことに好奇心があって、知りたいわかりたいと ワクワク…この好奇心が学問のとびらを開く大きな力になりますよ。

このごろ外へとび出して、身体を動かして、よく友だちと遊ぶようになり。だからこそ あのとび箱も えいっと とべたんだ。

数学の先生になる夢 追い続けてほしい。

親子で 図書館へ 下江さん

家にたくさん本がならんでいます。親子で図書館へ行って、いっしょに本を読んだり借りてくる生活があるのが すてきです。

自分のことを自分の力でできる しっかり者です。

でも…「まちがいや失敗をしないかと よく不安になる」という下江さん
がんばりすぎなくていいんだよ いっぱい まちがって、いろんな失敗もしたっていいんだよ。

「洗たく物もたたんでくれお姉さんになりました」とお母さんから

兄ちゃんに音楽を教えてあげるよ しゃ名堂さん

五年生の兄ちゃんと仲よし。(あの禁煙の作文の兄ちゃんや)
漢字は、教えてもらうけど 音楽は、兄ちゃんに教えてあげるんだって。
意見が分かれた時は、一歩ひいてゆずれる姉ちゃんみたいなはるかちゃん
食器ならべも兄弟で仕事を分担してやってるそうな。父ちゃん大すき。いっしょにキャッチボールやってもらうのよね。(父ちゃん禁煙つづけてるんだよ)
好きな物、好きなこと いっぱい 一輪車、本、ピアノ、マンガをかく。生活が楽しそう。

まじょレター

親と子と先生と

3年1組 土佐学級 5月10日 NO. 32

"泣き虫でも 80点でも かわいくてしかたない" 大野くん

(ふじ田 ゆうや)

りっぱで いつもがんばる子だから好きというのではなく、泣き虫でも 切りかえ上手 それが またかわいく、80点でも「ようがんばったなあ」と うれしいというお母さん
これは子育ての名言ですよ! ついりっぱであれと期待しすぎる今ですから…
遊びに行く時は、行き先をきちんと手紙に書いて行くそうな。友だちいっぱい よく遊べる。これも 子どもの中の子ども。

ぐっと集中 すきな絵を 竹本くん

じっくりていねいに細かく ぐっと集中して絵をかく竹本くん。おうちで 好きな絵を描く時もいっしょです。
「絵に出てくる人間の表情が明るくて、とてもすきなんです」とお母さん
愛情が届いてるしょうこですよ
このごろ交友関係が広がって行動はん囲も広くなり、大きくなったなあと…
兄ちゃんになりました。

学校が たのしくて たのしくて 沖さん

まあ うれし! 学校が楽しくって たのしくて。いろんな話を おうちでするそうです。
お母さんも「まじょレター」を楽しみにしてくださってて。学校の

家庭訪問記 NO.3

ようすが よくわかり 安心。子どもとの会話が増えましたって。(つづけますよ)
家に入ると すっと くつをそろえて上がるんだよ。気持ちよかった!
おじいちゃん おばあちゃんも ごいっしょの今どき めずらしい大家族
じいちゃんと セミとり。ばあちゃんと あやとり かわいがってもらって、うれしいな。やさしさをもらってるね。

父ちゃんといっしょに 映画に つりに 矢野くん

父親とこんな生活があるのが うれしいね。連休あけにも「父さんとかけのあるところへつりに行って来た」と喜々として話してくれました。
父ちゃん 大すき!

「声が大きく、はきはき発言 楽しく笑顔で 元気なところが わが子のええところ」というお母さん
あきらめず挑戦できる強さを やりますよ。あの子なら

(久代 ゆうじ)

弟に大きな声で 本を読んであげる 坂元さん

まあすてき! 弟に本の読み聞かせをしてあげてるそうな。ええ姉ちゃんやなあ! 大人になっても弟 おぼえてくれてるよ。

「ようち園のアルバムが宝物」だと見せてくれました
チコという犬をたん生日にもらって。犬小屋のそうじ。ふんのしまつと世話を続けていて たいしたもんだ。

家の仕事もやってるのよね。

バレーを習っていて かっこいいところを見せてくれました。「ばあちゃんに太りすぎ」って言われるけど「今のわたしがすき」と にっこり。

はつながり、集団がダイナミックに動き出すのですから。また訪問で学んできた子育ての知恵を紹介しあうことで、親もまたいい刺激をうけ、つながり合っていくので、そうしたことを「家庭訪問記」にまとめ、通信にのせて読み合ってきました。「こんなに詳しく、毎日書けないから、私は二〜三行で紹介します」と若い仲間たちとも一緒にやっていました。

親の人生に衝撃——私の方が励まされて

夫のＤＶから逃げて、それでもわが子は見捨てずに連れて駆け込んできた親子。

夫が焼身自殺をし、その時、まき添えをくって一緒に死んでしまった息子の位牌を抱きながら、来し方を語ってくれたお母さん。

夫の闘病に寄り添い、家族で支え合って生きている話。

「学校の先生にほめてもらったことがない」というお母さん。高校を中退し、シンナーやガスを吸って、「今生きてるのが不思議なくらい、ずいぶん親を心配させました」と語るお母さんとも出会いました。

たいした苦労も知らず、凡々と生きてきた私にとって、親たちの人生は、壮絶でした。親たちは、それを越えて、今わが子の子育てをしているのです。わかったようなことを偉そうになど言うまい。教えてあげましょうなんて、軽々しく思うまい。私の方が教わるのです。親たちの生きてきた人生に学び、私の方が励まされてきたのです。

こんな親たちとのおつき合いが始まっていく家庭訪問です。なくてはならない教育活動です。

おまけ

先生も元気で生き生きできる たねあかし

1 子どもはこんな先生が好き

子どもたちや学生たちから聞いた声です。

①一緒に遊んでくれる先生
②えがおのいい先生　にこっと笑って「まあ、うれしい」と喜んでくれる先生
③先生くさくなくて、自分の失敗とか「今日嬉しいことがあったの、聞いてね」と自分のことを話してくれる先生　立派よりも人間くさい先生
④子どもの失敗やまちがいに大らかで、わかってくれる先生
⑤話を聴いてくれて、いっしょに笑ったりびっくりしたり、悩んだりしてくれる先生

⑥おもしろくて、ユーモアがある先生
⑦ここという時は、きびしく、びしっと叱ってくれる先生、譲れぬものを持っている先生（こわい先生でなくきびしい先生が好き）
⑧プロとして何かもっている、かっこいい先生　学び続け、自分も成長していく先生
⑨一緒に楽しめる先生「先生が作文読んでる時、楽しそうだからぼくらも作文好きや」
⑩感動する先生（みずみずしい感性を持ち続けたい）
⑪クラスで一番大変な子をほっていかない先生（ぼくらもほっていかれないという安心）

（４年生）

2 そうそううまくはいかない仕事だから

満足のいく授業はほとんどありません

退職の日の日記です。

「一教師、ただひたすらに、ひとすじの道　子らとともに　この道なお遠く　学びたし」

そうなのです。教育というこの仕事は、「この道なお遠く」学んでも学んでもなかなかうまくはいかず、悔いも反省もいっぱいある教師人生です。でも、この仕事は好き、生きがいもあります。

三十八年間も授業をし、今も大学で授業をしていますが、うまくいったと満足できる授業はほとんどありません。子どもたちにも優しく、焦らずていねいにとしっかり思っていてもカリカリ叱ったり、早く早くとせき立てたり、傷つける言葉を投げつけて、落ち込んだり、悩んだり、自分の未熟さに歯ぎしりする日々でした。でも、そんな自分が悔しくて勉強に出かけるのです。大した教師ではありませんでしたが、学び続けてきたことだけは少し誇れます。学んで、元気出して、よしやろうとはりきって、またうまくいかず、またまた学びに足を運ぶ、こんな教師人生です。

学ぶとエステ気分

今、若い皆さんも研修研修で、かえって疲れるわという声を聞きます。

先日、愛媛の先生方の教育講座に行って来ました。愛媛の教育状況もなかなか厳しく、お疲れの先生方が、よいしょと自分を励まして来てくださったのです。講座の後、ある先生が、「疲れて、今日はどうしようかと思ったのですが、来て良かったです。心がほわっと暖かく、優しくなってきて、まるでエステに来たみたいでした」と「はじめに」で紹介したような感想を話してくださいました。

行かされて、いやいやの研修ではなく、身銭をきって、自らの足を運んで求めて学びの場に行く、そんな本物の学びの場こそ、元気になるのです。学ぶと元気、学ぶことは自分の中に優しさを刻むことなのです。パソコンで、情報を仕入れただけでは、こうはならないのです。生きた生身の人間の生きている姿そのものを通して、感じ、振り返り、自分をみつめ、思考し、新しい自分との出会いを作るのです。学ぶ喜びを知らない先生に学ぶ喜びを知る子どもを育てるのは困難ですよね。

何から学ぶの？

学ぶと一口で言っても、研究会に行くことだけが学びではありません。

- 子どもに学ぶ
- 親たちの人生に学ぶ
- 職場の仲間に学ぶ
- 民間の研究会やサークルで学ぶ
- 文学から人間を学ぶ
- 教育以外の幅広い文化に触れ、諸学問の成果に学ぶ
- 今日の時代の政治や経済等々の動きに目をそむけず、今の時代から学ぶ

明日から役立つ技術は、明日しか役立たない

明日から役立つ技術を全部否定しているわけではありませんが、忙しいからとそればかりにたよっていたのでは、子どもは見えてきません。

三年目の男性教員の話です。

「マニュアルや技術にたより、すぐに役立つもので授業をしてきて、はっと気づいたのです。俺は、いったい子どもをどうとらえ、この子らにどんな力をつけよ

うとしているのか、自分の頭でどれだけ考え、どれだけ工夫してきたのか！　愕然としました。子どもに申しわけないことをしてきたと謝りたい。先生の話聞いて、元気出ました。子どもらがかわいくなって、はよう月曜日に会いたくなりました」と。

私の方が涙出ました。今の青年教師の感性はすてきです。本物を見抜き始めているのです。

教育が困難な時だからこそ、価値観がころころ変わり、めまぐるしく時代が変わる今だからこそ、「それに適応する処世術を学ぶ」（大阪のある学校の教育目標ですよ）のではなく、教育哲学や教育原理、物の見方や考え方、子ども観を学ぶことが、きわめて大切なのです。

民間の研究サークルは、学びの宝庫

私は、今「なにわ作文の会」で学んでいますが、新卒以来四十三年間通い続けています。

今日の自分があるのは、このサークルの学びあってなのです。その他にも体育、文学、音楽、図工等々の教科のみならず、発達研究会や教育科学研究会や臨床教育学会等にも出かけ、学んできました。いえ、今も学びに出かけています。

若いうちに、いろんなところに足を運び、これだと思うサークルに通い続けることです。

そして「これは、ちょっと自信があるよ」というものを持っている先生は、強いのです。

困難を乗り切っていく大きな鍵の一つです。

授業研究やレポートは、断わらない

「次の研究授業、先生やりませんか」……「一学期の取り組みちょっとまとめて報告してくださいよ」……「いやあ……○○があるから……」などと言って断わらないことです。言ってくださる時は、あなたならやれると思ってくれているからなのです。自分が成長し、ステップアップする絶好のチャンスなのです。しかし、そういう私も、若い頃は、引き受けた後に悩み、「あーあ、うんと言わなければよかった」などと後悔もし、悶々とすることも度々ありましたが、やった後は、新しい自分と出会えたようで、爽やかな気分になったものです。

記録は、まめにとる

構えたきちんとした記録でなくていいのです。「教材研究ノート」と「子どもたちのこと」というノートを用意し、授業のことで気づいたことや、子どもの日々の様子等を記録していきます。と言っても、らくがき帳みたいな感じで気楽にやっていました。とりわけ、気がかりな子どものことは、言動やその時自分が感じたことなどを書くことで整理され、見えてくるので、大切ですね。私自身は、学級通信を日々書いていたので、これがまた貴重な記録になり、自分の仕事をふり返り、確かめる場になりました。

思ってみてください。一日子どもと一緒だと嬉しいこともがっかりすることも悩むこともいっぱいあるでしょう。何も記録しなければ、みんな消えていくでしょ。記録することで、自分の財産が増えるのです。かけがえのない財産です。きっと自分の自信につながります。いい仕事をしている人というのは、実にまめに書いているのです。

3 仕事を楽しむ知恵

自分がスポーツが好きだと、子どもと体育の時間、ボールを追いかけて走ったり、水泳したりするのが楽しいですよね。音楽が好きだと、子どもと演奏したり、歌ったりすると楽しいですよね。絵が好きだと、子どもたちがどんな絵を描いてくれるか楽しみです。私は書も好きだから、習字の時に、墨でいろいろ遊んで、絵手紙にしたり、ダンボールや布、枯れた雑草を束ねて字を書くなど楽しみました。文学が好きだから、文学の授業は、わくわくするし、作文を読むのも大好きでした。

と言うわけで、自分に好きなことがあると授業を楽しむ余裕が生まれるのです。土日や夜など学校を出た時、やっと楽しい時間とだけ思わずに、学校にいる時、子どもとの生活や授業を少しでも楽しめたら、この仕事、疲れ方も充実感もずいぶん違ってきます。

そのためには、自分がいろんなことに好奇心や興味を広げて、楽しむ時間やゆとりを持つ努力をしたいです。その余裕がないのだと言われますが、時間はあるのです。工夫次第ですよ。

出張帰りに、デパートで展覧会があればちょっと見てくるのです。ウィンドウをひょいとのぞくとこれもおもしろそう教室掲示に使えるな、というアイデアも浮かびます。

本屋に立ち寄り、おもしろい本をみつけたら、明日子どもに読んでやりたくなります。絨毯を売っている店の前を通るとおもしろいデザインがいろいろあり、よし今度の図工でこんなデザイン描かせてみたいなと思うと、わくわくです。信州へ出かけた時、雪下駄やわら靴を見つけたので、それを買って帰ると、「わらぐつの中の神様」の授業をするのが楽しみになります。自分が豊かな自然や文化に触れることで自分はもちろんのこと、教育といういとなみが豊かになり、なんといってもおもしろくなるのです。

私自身は、子育ての頃は、なかなかうまくはいかなかったのですが、私の周りの若者で上手に息抜きしていて、困難な仕事も乗り切っている人がけっこういます。

上手な息抜き――踊りに行ったり、ギターを習いに行ったり、小さな演奏グループで公演にも出かけたり、スポーツジムへ行ったり、落語サークル等々時間を工夫して通っているのです。好きなことに熱中できる、楽しい時間が持てる。そして教師以外の人たちと接することができるのです。これは、最高の息抜きです。「文化を食べて人は人になる」といわれています。先生も子どもたちも目先の成果を点数、評価に追われるのではなく、人間を人間にしてくれる文化に触れてこそ、教育は、教育になるのです。そのゆとりを取り戻すことが今こそ求められています。

4 世の中のことが見えますか

一冊の本が、一生自分の中で生きていることってありますよね。

大学時代に読んだ本で、生活綴方教育の大先輩　村山俊太郎とその奥様ひでさんの書簡集です。東北の大地を舞台に生活綴方教育が盛んに実践されていた頃です。俊太郎は、「ひでさんあなたは、子どもをいとしいと思うかわいらしい先生です。でも、子どもたちがわが家で米が収穫されても、弁当に米も持って来れず、昼ご飯を食べずに水を飲んでいる子どもがいるでしょ。それは、いったいなぜなのか、あなたは知りません。そのことに心が向かないでは、いい先生とは言えません」というようなことを言うのです。

クラスの子どもの父親が仕事がなくなって、次の日から学校に来なくなった子どもはいませんか。「参観日に行ってやりたいけど、時給千円三時間休みとったら生活困るんです」というお母さんは、いませんか。七夕のねがいごとに「大人になったら働ける仕事がありますように」と書いた子の暮らしが見えるでしょうか。

教育というのはこの時代の政治や経済と深く深くかかわっているのです。世の中のことは、インターネットでちょこっと見るだけ、新聞も読まない、「TPPって、それ何ですか？」「従軍慰安婦問題って、あれどういうことですか？」「教育条例まだ読んだことありません。忙しくて……そんな暇ないんです」

日本の将来、教育の将来が大問題になっていても、知らない、忙しくて……テレビのニュースや耳学問でわかったような話をしてもわかっていない。「無知は、最大の敵」なんて言われますが、教育がどこへ行こうとしているかもわからなくて、目の前の雑務処理に終わっていては、教育の名に値しません。いえ、子どもに申し訳ないことをしているのです。もっと言えば子どもの未来に責任をもつ教師とは言えません。

戦前、多くの教師たちは、教え子を戦場に送りました。本気で死ぬことを教えた先生たちです。無知でなかった、命は大切だと教えた先生たちは、投獄されたり殺された時代でもありました。真実を知った先生たちの中には、苦しみ教壇を去った人もありました。しかし、戦後、先輩たちは、「教え子を戦場に送るな」の誓いのもとに、一人では何もできない、組合という仲間の組織を作って、子どもたちの将来に責任をもとうと立ち上がりました。

今の評価制度のような勤務評定制度や全国学力テストなどを親と一緒に闘って廃止に追い込んできた歴史を持っています。

時に教師には、勇気がいるのです。まちがっていること、おかしいと思うことに毅然と立ち向かって、子どもたちを守らなければならない時が、あるのです。一人では弱いからこそ、仲間と一緒に立ち上がったのです。

私自身は、学生時代から「集団主義教育」について学んできたこともあって、わが子も三人いたら集団になるから三人ほしいな、保育園などの集団保育で育てたいなと思っていました。もちろん自分も教師になったらこの仕事一人で踏んばっても、たいしたことはできないから、集団の中で学び、集団の力で困難を解決していけるような生き方がしたいと思っていました。だから組合を大切にしてきて、「よき教師は、よき組合員」ということをモットーにしてきました。集団＝組織＝個の抹殺のように考えて組織ギライの人もいますが、軍隊じゃあるまいし、ましてや先生の場合などは、いい教育したい、教育の条件をよくしたいという要求で集まっています。偏見や誤解をしている方がまだたくさんいると思います。

私は、組合の教文部長という仕事を長くしていて、教育講座や教育研究集会をたくさん準備し、若い仲間たちと大いに学びました。

そこで悩みも聞いてもらい、多くを教えていただき、仲間のすばらしさ、集団の力を実感してきたのです。子どもには仲間づくりだとか集団づくりだと言われるのに、教師自身は、集団に背を向けるでは、本物の生き方ではありませんよね。自分も仲間のすばらしさを知り、みんなでやる値うちを実感し、難しいことを集団で解決していく重みを知ってこそ、子どもたちにも教育できるのです。

私たちの若い頃は、育児休暇制度も看護欠勤制度もありませんでした。当時、どこの職場も若い先生がいっぱいでした。その先生たちが、仕事をやめず子育てとの両立の努力をしながら、この仕事を続けていけるようにする為に、こうした制度を作りあげたいと強く願い、要求していったのです。その願いを集めて、組合は闘って、粘り強い取り組みの結果、実現したのでした。私も小さかった息子を抱っこして交渉にも参加しました。

あってあたり前になっていますが、一つ一つ私たちの働きやすくなった権利は、先輩たちの血のにじむような闘いがあったからこそなのです。それを実現させる母体になったのが組合なのです。

今もまた給料が下がる、評価制度、全国学力テストに「教育条例」と黙っていたら教師自らの生活や権利はもとより、子どもたちの将来の教育が大変なことになることが次々と押し寄せて来ています。戦後の教育の歴史をふり返る時、大きな曲がり角にきているぞ、今こそ、みんなで一つになって、困難をはね返す時だと。そうです。組合の出番なのです。

こういうことに無知で、行動を起こさなければ、

「子どもをかわいいと思う先生であってもいい先生にはなれません」という先輩の言葉が重く響いてきます。時代への警告の声です。

「二十坪の教室のことしかわからない教師にはなるまい」と──

5 職場の人間関係が難しい……

せっかく夢を抱いて教師になったのに、すぐに辞める。自殺するという若者もいて、心が痛みます。死ぬほど辛い胸の内を誰かに話をしたのだろうか！　そうなのです。こういう若者の多くは、職場の人間関係がうまくいかず、一人で悩んでいたのです。

子どもがどんなに大変でも、職場の人間関係がよくて、悩みを聴いてくれる、一緒に授業の準備や教材研究をしてくれる、親とのトラブルがあっても一緒に考え、援助してくれるという職場だと、がんばってやっていけるのです。若い先生の力を頼りにもしてくれ、「わからない」と言えば教えてくれ、若者がゆっくり育っていくプロセスに、つき合ってくれる先輩たちがいてこそ、先生は育っていくのです。

ところがです、年輩者が集まると、「若い先生とつき合いにくいです。なんでも器用にこなして、『教えてください』なんて言いません。ちょっと時間があるとパソコンの前に座っていて雑談もしません。会話しても話がとぎれて、気をつかうわ……」

反対に、若者が集まると、

「こわいオバさん先生がいて、『あんたが甘いから子どもが騒がしいのよ。もっとしめなさい』と叱られるし、ちょっと失敗すると『近頃の若い子は……』とブツブツ。『もう辞めたい』とか言って、子どもの悪口ばっかり言うて、がっかりですよ。『昔は、○○でよかったのに……』とか言われても、昔のことは知りません」

と、これまた不満たらたらです。

これでは、お互いにいい職場の人間関係にはならないですよね。実は、若い先生の存在は、学校を甦らせる大きな力を持っているのです。

子どもたちは、自分たちの年令に近い若い先生が好きです。年輩の者が努力してやっとのことが、若いというだけで可能になるのです。若い先生が、運動場で一緒に汗して遊んでいる姿を見ると、これぞ学校！と嬉しくなります。昔は私も……よしひとふんばりだと励まされます。

そして、わからないこと、知りたいことをどんどん聞いてほしいのです。迷惑などと思う必要はありません。迷惑がる人がいたらその人は、パス。聞ける先輩はたくさんいるのですから。板書の仕方がわからなければ見せていただくのです。先輩は、見せなきゃいけないから、いつもよりていねいにいい板書をしてくれます。先輩育てをしているのです。授業を見せてと言えば、いつもよりいい授業づくりをこころがけるし、先輩も勉強します。よく教育講座に行くと、先輩と一緒に若い先生が来られます。もちろん連れて来てくださったのですが、実は、先輩も、若い人に教えてと言われても、勉強不足で恥ずかしいので、勉強しなおしに来たと言われます。

こういう育ち合いのある職場は、活性化され、「しんどい」「大変や」と言いながら、生き生きしているのです。

「飲みに行こう」「お茶しよう」と誘われたら、えーオバさんと……などと思わずに、断わらないで行きたいです。こんな場だと悩みも話しやすいし、時には、先輩も悩んでるんだ、一緒なんだと安心したりもします。イライラしている先輩が実は、親の介護で疲れていたのだと知り、急に近くなることもよくあります。学校では見えない教師の生き様や、その人の人生まで見えて、うんうんこのオバさんとつき合えるわと、安心もします。こうした職場の方とのおつき合いは、親とのつき合い方の生きた学びの場ですよ。

そして、仲良くなると、気を使わず、「このパソコンあなた得意だからやってくれる」と頼まれたり、「この親向けの手紙、書いてくださったら、ボク助かります」と甘えることもできるようになります。大変なこと、しんどい仕事は、若者に押しつけるという困った職場もありますが、こんな時も、若者同士で話し合って知恵を出してください。とにかく一人で悩まないことでしょう。

親からの攻撃的な内容の連絡帳もショックですよね。一人悶々としないことです。「どんな返事書いたらいいでしょうか」と相談してください。Aさんにも、Bさんにも聞いてみてください。何か手がかりがみつかるものです。こんな悩みパソコンをひらいてもみつかりません。この学校の、この子どもたちを知っている先生方だからそこわかるのですから。

何度も書きます。聞いてくれる若い先生は、迷惑ではなくて、自分を頼りにしてくれているのだと嬉しくなる先輩の方が圧倒的に多いのですから、わかったふりをしたり、一人悩まないことです。

学校の職場というのは、個性的な方も多く教育についての考え方も様々で、悩むこともありました。そんな中で、私自身は、結構明るくこれたのは、子ども観のところで書きましたが、人をどう見るかに秘訣があったようにも思います。

あの人腹立つ！ってありますよね。なぜあの先生は、あんな言動をするのだろうか。何かあるのです。実は、病気で治療してる方もいれば、お子さんが不登校ぎみでイライラしている方も、ご夫婦の問題で悩んでいたりと、いろいろ抱えているのです。お茶しながらや一緒に食事をしているうちに、そんなことがわかってくると、腹立つ！の感情が、自分の中で溶けてきて、この先生とつき合っていけるなという気持ちに変わっていったものでした。

それから相手のことを悪く言えば言うほど相手もこ

ちらを悪く思い、関係がうまくいかなくなるので、その人の「すてき探し」をして声をかける努力をしていました。相手の機嫌とりではありません。黒を白と言って、ご機嫌うかがいなどはしません。「先生、今日の朝会の時のことば、子どもによく入ってましたね」「さっき先生、クラスの子ども叱ってはったでしょ。あんな言い方してはるの聞いてはっとしました」「先生が親に電話かけるのを聞いて、自分のこと反省しました」「後ろに貼っている子どもらの絵すてきですね。ちょっと見せてください」「先生いつも朝から学習園に子どもらと行って世話してはりますね」とまめに声をかけていました。職員室が、おいしい料理や安い服、競馬に旅行の話ばかりでは、学校は活性化しません。いやこれも大切なのですが、もっと大事なことは子どものことが語り合える職員室。そして一人ひとりの先生のちょっとすてきな話、がんばりそして、悩みが話される空気になると学校は変わっていくのです。

同時に養護教諭や管理作業員さん給食調理員さん、事務職員の方たちなどは、私たちと別の目で子どもや教育を見ていることがあります。そこに子ども発見があり、教師の仕事のありようを振り返り、反省しなければならぬ貴重な意見や考えもあります。

たまには、保健室へ行って養護教諭の先生と話をしてみてください。知らない子どもの一面を見せてもくれます。管理作業員室や給食室にも出かけ、お茶でも飲んでください。お土産を持って行きしゃべって来ることもあります。飲む会でも、自分の学年の方ばかりでなく、席を移してそういう人たちと触れ合う努力をしたいですね。

自分がそうしていると、いつの間にか子どもたちも担任外の方たちと仲良くなります。

「この前、陽ちゃんここへやって来て、のこぎり引かせていうから、やらせたら、うまいのにびっくりでしたわ。父ちゃんが教えてるらしいね」と管理作業員さんが教えてくれます。

「今日の給食の肉じゃが、むっちゃおいしかったよ。

お母さんのよりおいしかったわ」

と調理員さんに話しかけた子もいて、

「私らもがんばっておいしい給食作ろうって、ホンマやる気出ますわ。子どもらかわいいねえ」

と日頃から関係作りをしていると、こういう話がスムーズに行き来して、学校みんなで教育しているんだという実感が湧いてきます。私も元気をもらっていました。

6 時間がない　仕事がいっぱい切り抜ける工夫

「いつも、忙しい忙しい」

私自身若い頃、いつも口癖のように「忙しい、忙しい」と言っていました。二十五歳の時には、長男が生まれ、仕事と家庭、子育てでギリギリだったのでしょうが、あの「忙しい」は何だったのかと今振り返っています。

一つは、仕事に見通しが甘く、段取りも下手でその場その場の仕事に振り回されていたように思います。

二つ目は、いっぱいの仕事が整理されずに頭の中にいっぱい。多忙感が充満していました。

三つ目、気の重い仕事を後回しにしていたので、いつもあれやらなくちゃと仕事に追われている感覚でした。

四つ目、持って帰ってもできないのに、仕事を残して、これは家に帰ってからすると思うと家に帰ってからも仕事に追われていて、いつもＯＮ状態が続いていました。

五つ目は、割り切って、今日は遊ぶという気持ちになれず、休日も仕事、教材研究とこれまた休日もＯＮ状態。疲れはとれず「あ～忙しい忙しい」ということだったようです。

見とおしを

今週、一ケ月、一学期とある程度見とおしを持ちたいです。

これは、一年目ではもちろんわかりません。二年、三年としていくうちに、一年の流れが少しずつ見えてきます。いつ頃に何があり、準備にどれくらいかかるなどがわかってきて始めて見通しも出てきます。年間行事というのをもらったら、先輩たちに、いろいろ聞いてみることでしょう。例えば学習発表会の準備はいつ頃からするのかなど知っておくだけでも落ち着きます。

教材もいつに何を教えるかもわからないでは見通しも立てられません。ざっとでいいのでそれぞれの教科をみて、一学期には何をして、二学期には、三学期にはと見ておく必要があるでしょうね。

一週間のスケジュール、学習計画などは、細かく整理しておくと多忙感に追われる感覚が減ってくると思います。

- 今週ある行事や会議、そのために必要な書類、準備物などを記入
- 毎日の学習内容を大まかに書いておく（準備物なども「来週から立方体や長方体の学習。箱集めを今週から言っておく」などとメモをしておく）
- 子どもの誕生日を忘れずに書き込んでおく
- 今週の自分の指導上のポイントとか、学級づくりで大事にしたい視点とか課題とかも書く

図書係の子らの活動がすすんでいない、指導必要

トイレ掃除がうまくいってない　仕事の仕方教え直す

三班のグループ間のトラブル。指導入れる
等々
。提出する書類とか職員会に出す案件づくりとか、チョークをもらうとか雑巾かけの修理たのむにいたるまでメモする
（書いて仕事を整理すると落ち着いてイライラが減る。できたら消していくと快感）

一日の見通しを持つことは、先生のみならず子どもにも大事です。

通勤電車の中で、この一日の流れを確認したり、段取りをたてます。

例えば、二時間目に理科で、ほうせんかの観察をするなら、朝の運動場での朝会の後、鉢を運んでおかせると時間短縮、三時間目の図工で雑草の絵を描くのなら、それまでの休み時間には、用意させておく、五時間目は、多目的室で活動するのなら、チャイムと同時に、そこの部屋へ集合する。鍵は日直に頼んでおく。今日は六時間目にクラブ活動があるのなら、少し早めに五時間目を切り上げ、連絡帳を書かせておく等々、ちょっとした段取りを立てておくとそうでないのとでは、時間の使い方が全く変わるし、子どもたちも見通しを持って動くので活動がスムーズに運びます。

ですよね。「あっ五時間目多目的室やった。早く鍵取って来てよ！　あっビデオの用意してなかった。まだ掃除から帰ってないグループがあるやろ、呼んでおいで！」とイライラ　キーキー。時間は刻々と過ぎていき、こちらのイライラが子どもに伝染して、ケンカが始まる、また怒る！　あ〜腹立つ、はっと気づいたら六時間目はクラブ活動、「はよ帰って連絡帳書きなさい」あっ手紙渡すの忘れてたわ、バタバタ……クラブ指導に遅れて行き、先輩に注意され、またイライラ疲れる一日やわ……ふう〜となりませんか。

段取りができていないと会話がなくなって子どもが見えなくなってしまうのです。

一日の流れ、仕事を細かく見通しをたてて、子どもたちにも朝の会で話をしておくのです。そうすると、子ども自らが、次は何をしてどんな用意をすればいいのかを了解していて、一日の流れが自覚的になっていきます。叱ることがずいぶん減りますよ。

そして、帰りの電車の中で、今日一日を振り返って、これがよかった。ここは明日やろう、うんこれおもしろいかなと、新しいアイデアや工夫も浮かんだらメモしておきます。

八時まで残って仕事　これは異常

①　時間の使い方の工夫

それほどやらなければ仕事が終わらないほど書類量も増え、子どものトラブルの後始末、親からのクレームの対応と、確かに大変になりました。しかしです。仕事の仕方を見ていると、もっと改善できること工夫できることは、たくさんありそうです。

私は、できるだけ、その場でできる仕事はその場でやるようにしています。

朝、職朝で「○○を提出してください」と言われると、すぐできることは、すぐにやって提出時間のかかるものは、未処理の箱に入れます。

教室に入って子どもに聞いて処理する仕事なども（簡単な調査とかアンケートとか机・イスの号数調べなど）後に回さないで朝のうちにすぐに片づけます。退職した今でもその仕事の仕方は生きてていて、家に帰ったらすぐＦＡＸや手紙類を見て、処理できるものはすぐにしています。できない仕事は、メモをして頭だけ整理していきます。そうすると仕事に追われるのではなく、仕事を追っていく感覚になるから疲れ方が違うのです。

算数の計算の練習プリントを遅くまで残って丸つけをしている先生もいます。テストでなければ、子ども同士交換してぱっと一斉に答え合わせをしたらすぐに終わります。テストだって、できた人から持って来させて、その場で丸つけをして、まちがい直しもその時間にさせると一石二鳥でしょ。図工の作品も放課後貼ろうと思うと一つ仕事が増えますね。私は、仕上がった人から掲示板に貼っていきます。図工が終わる頃は、後ろに全員向いて、絵の鑑賞会です。

ノートのまとめができたら、ノートを提出させます。放課後みるとなるとまた仕事が一つ増えますね。ノートが書けた人から見てコメントを添えてその場で返すようにするとすぐに片付きます。子どもたちも時間をうまく使うよう指導します。早くノートが書けたら、次は、何をすると指示して、早くできた人がワーワー遊ばないようにしないと、教室は常に騒がしくなります。練習プリントなどをする時間、早くできた人は、わからない人の豆先生になってまわってもらいます。四十五分をどう使うか、どう使わせるか工夫と知恵のいるところです。

②　時間をみつける

それから遅くまで仕事をしている人の中に、八時まで残れるからと、そのペースで仕事をしている人が結構います。五時には学校を出ようと思えば、五分の時間を惜しんで集中して仕事を仕上げます。お菓子を食べながらいつまでも雑談に花を咲かせている人もいます。悪くはないのですが、時間が惜しいので、早めに引き上げます。職員会議や他の会議も増えましたが、これがなかなか時間通りには始まりません。私は、五分の時間が大事だと思うので、学級通信を書いたり日記の返事を書いたりと有効利用します。みんな同じ時間が流れているのに、仕事ができる人そうでない人というのは、やはり時間の使い方の上手、下手にかなりかかっているなと思うのです。「時間がないない」と言っている方の生活をみると、いっぱいころがっている時間があるよと思います。

全校朝会が終わった時に、運動場から中庭へまわって、咲いている草花や雑草を摘んできて、職員室や教室に生けています。「土佐先生暇やなあ」……と。いえいえ暇があるからしてるのではありません。通勤途中の道を歩きながら、雑草を摘んでくることもよくあります。

時間はみつけたらあるのです。今すぐ上手に時間が使えなくても、そういう仕事の仕方を経験を重ねながら身につけていくことが大切でしょう。

第一夕食の時間が九時十時これでは、健康で長続きする仕事ができなくなります。

学校を少しでも早く出られる工夫をしたいものですね。まずは、せめて週に一回は、五時頃に出てはどうでしょうか。遅くまでいる人は、熱心だからでもなんでもありません。

③ もっとも人それぞれ、要領よくしてはならぬ仕事も

しかし、人それぞれですから、ゆっくりペースもよし、あまり要領よく仕事をすることで、大事なことが抜け落ちることもあるのです。

私がちょっと空いた時間に学級通信を書いているのを形だけ真似て急いで作っている若い先生に言ったことがありました。

「私は若い頃は、通信一枚書けなくてね。何時間も悩んだり、文章が作れなくて迷ったり、結局先輩の通信を真似させてもらったりでした。でもあの悩んだり迷ったりした時間って必要だったなあって、器用にだけ、早く早くとしていい仕事と時間をかけなきゃいかん仕事があるんだよね」と。

あの先生、事務仕事や指導要領とかもいつも早くしあげてるなと感心していたら、なんと子どもに自習させて仕事を片づけていたり、体育の時間に子どもらにだけ球技をやらせておいて、自分の校務分掌の仕事をしていたりという方もおられて、その間に子どもが怪我をして大騒動にということも見てきました。本末転倒とはこのことでしょう。そういう私も、職員会議の

提出書類を家に忘れてしまってあわてて授業中に書いたこともありました。子どもらに漢字の練習ばかりさせてね。反省！

④　通知票などは、ゆっくりていねいに

通知票の仕事など一人ひとりをみつめて、ゆっくりていねいにやる必要があることは、持って帰ってしていました。所見などは、あわててバタバタ書かないで、児童名簿の一覧表に、その都度気づいたことをメモ書きしておくのです。「音読上手。豆先生の教え方感心。やったね、さか上がりできた。理科の観察ノート鋭い。友だちを見る目深くなっている。掃除の仕方に工夫。日記の表現生き生き。認識力成長」という具体に。それを見ながら、ゆっくり所見の文章にまとめていきます。いきなり座って、はい所見を書こうとしても浮かんで来ない子どもがいるでしょ。日頃からよく見てメモメモそれが必要ですね。

7　家庭や子育てと仕事、両立するの？

①　両立はしません。努力する日々

両立はしません。両立させようと悩み、努力する日々でした。

子育ても教師の仕事、どちらも大仕事ですもんね。両立とはいきませんが、働いていたから、わが子にばかり目がいかず良かったと思うし、子育てしているからこそ子ども心が理解できたり、親の苦労がわかったりして、これも良かったです。もっと言うと、クラスの親たちに、子育てを教えていただき、わが子育てを振り返れたり、学べたりもできました。そして、生きがいを感じて働いている親の生き生きした姿は、きっと子どもの生きる姿勢に反映されていると信じていま

す。しかし、仕事にばかり目がいってわが子に淋しい思いをさせたり、話を聴いてやる余裕もなく「ぼくの話本気で聴いてくれているのか」とせまられたこともありました。参観日にもなかなか行ってやれなかったり、運動会が自分の学校と重なって行けなかったりと歯ぎしりしたり。「ごめんね」と涙する日々もありました。

今振り返ると、夫の協力あってこそ勤められたと思います。子どもの世話、買い物食事作り等の家事全般にわたって、「愚痴も言わずに女房の小春」坂田三吉じゃないけれど、愚痴も言わずにこまめに動いてくれる夫がいたからこそだと思います。

たまたまそういう夫がいたからと言うだけではなく、どんな家庭を作り、どういう夫婦になっていくのか、これもまた二人で創り上げていくものだと思っています。「家事も育児も女の仕事、お前一人でやれ」というような男性とは結婚したくないですね。職場では、女性の地位向上、平等などと良いことを言う男性が、家庭に帰ったら暴君というような方がいますが、この手の方は、信用なりません。

子ども達にも、早いうちから家の仕事を分担してやらせました。家族みんなで支え合う、そうせざるをえなかった面と、そうすることが子育てには大事だと考えてもいたからです。

わが子が健康でないと働き続けられないから健康を守ることには気を使ってきました。

そして、保育所や学童保育のお母さんたちと仲良くして、いっぱい助けてもらってきたのも切り抜ける力になりました。

② 自分の時間を少しでも作る余裕を

いつも仕事いっぱいの頭で、寝ても覚めても仕事のことばかり、これではもちません。うまく切り替えるすべを編み出していきたいですね。やりたい趣味がある、身体を動かして切り替える（私は、五二歳から今もずっと夫と二人でウォーキングをしていて、これも健康の秘訣）、寝る前に少しの時間でも本を読む、それも教育以外の本を読むなどして、気分転換をはかる。お酒の好きな方は、一杯飲んで仕事を忘れるのもいいでしょう。

長めのお風呂に入ってぼんやりするのもいいですね。いつも帰りにデパートに入ってひとまわりしたら気分転換になるという方もいましたね。どんな形でもほんの少し、自分の為だけに使える時間を持つことは、前向きに元気に仕事ができる秘訣の一つになります。子どもの小さい頃は、夕食の後から子どもが寝るまでの時間は、仕事しないで子どもとの時間にすると割り切ってもいました。

ともかくも一日中仕事ＯＮ状態を切ってＯＦＦにして十分でも二十分でも自分のための時間を持つことです。

8　仕事を早くこなす優等生になろうとせず、子どもの中へが一番

たくさんの仕事を上手にこなす工夫、時間の工夫の話をたくさん書きました。

どうぞはき違えないでほしいのです。

事務的な仕事を早くこなすことばかりに目が行き、いつもパソコンの前という若い先生にも出会いました。

提出期日のあるものは、全体に迷惑をかけるわけにはいきませんから、早めに仕上げたいです。そうでない書類なども、早く早く提出と、またまたパソコンの前！

今そんなことしてる場合じゃないよ。クラスが落ち着かず、子どもたち同士の関係、先生と子どもとの関係がちぐはぐになり、ほっておくと大変なことになる

じゃないの！　パソコンから離れて、子どもの中へ飛び込んで、休み時間も遊んでやらなきゃと思う先生もいました。

評価制度が導入され、いつもまわりから評価されている緊張感があり、ついつい見える仕事に力が入りがちになる今日です。

事務的な仕事が少々もたもたしていても子どもとの関係がよく学級が動いているなら大丈夫。事務的な仕事は助けてもくださるし、年を重ねると覚えていけるのです。少々まちがっても「すみません」と頭を下げればなんとかなりますが、子どもたちとうまくいかなければ「すみません」ではすまないのですから。

子どもの中へ！　です。

（みほちゃんのお母さん）

おわりに

いかがでしたか、少しはエステに行ってきた気分になり、軽くなったでしょうか。

新年早々から、部活の体罰問題で、教育界には、また激震が走っています。昨年は、いじめ問題で、子どもたちが自ら命を絶ちました。子どもたちが我が命をかけて私たちに、ＳＯＳを出している今日なのです。あっごめんなさい。せっかくエステ気分になっているのに、また暗くさせそうな話になりましたね。

しかし、私は思うのです。時代や歴史を見る時は、両面から見ていかなければ希望を失うのだと。はじめににも書きました。日本の教師たちは命を削りながら、まっとうな教育のために力を尽くしています。親たちもきびしい暮らしの中でけなげに生き、今日も子どもの背中にランドセルをかけてやり、送ってくれているのです。

今度の東日本大震災の中で、人間のたくましさを実感、へこたれずに生き抜く姿に大きく励まされました。私は今、大学の現場で、これから先生になることを夢みる学生たちと一緒に学び合っています。

「あの先生と出会ったから私は教師への道を選んだ」という学生のなんと多いことでしょうか。やはり、日本の教師たちの仕事は偉大なのです。憧れられてるんですから、素敵ですよね。

しかし、その学生たちも、教師になることへの不安と同時に、今自分が生きていることへの不安を感じ、自分という人間をみつめ、悩み、揺れもしています。その胸の内を聴いてほしいと切々と訴えて来るのです。

聴いてくれると安心、今の自分でいいんだと思えれば、あとは自分で足を踏み出していきます。未来に向かって歩いていく学生たちを見て、まぶしささえ感じます。

もっと学びたいからと、作文の会の合宿研究会や研究大会にもやってきます。その未来の先生たちの姿を見て、現場の先生たちは、明日の教育に明かりを感じて、また力をもらってもいるのです。

最後になりましたが、「今だから土佐さんに書いてもらいたい」と言ってくださった面屋龍延社長、そして、私の講演から本の構想を練り熱心に働きかけてくださった奥村礼子さん。

その熱意あって、ペンを取る気持ちになりました。会うたびに、おしゃべりな私の話のよい聞き手になってくださったお蔭で、また書く気になりました。そして何よりも、これまで出会ったたくさんの子どもたち、親御さん方、教職員の仲間たちにあらためてありがとうと言いたいです。

一冊の本の中には、拙い文でもその人の人生が詰まっています。

悩んだり、唸ったりしながらも、自分の全身から出てくる言葉を原稿用紙に埋めていきました。その言葉と想いが若い仲間たちに響いてくれたらどんなにか嬉しいことでしょう。

この本を手にとってくださったあなたと、あなたを待っている子どもたちに感謝です。

二〇一三年一月十七日　　阪神淡路大震災十八年目に　　著者

外気温マイナス五度、寒い朝です。今日もウォーキングしてきました。庭に咲き出した水仙の花をお気に入りの備前の花瓶に生け、爽やかな朝です。

著者　土佐　いく子（とさ いくこ）

1948年徳島県板野郡藍住町に生まれる。広島大学教育学部卒業。2008年３月まで大阪市内小学校に勤務。退職後、和歌山大学・大阪大学非常勤講師。なにわ作文の会、日本作文の会、臨床教育学会などに所属。教職員の研修会、保育・学童保育関係の子育ての集いや学習会、地域の子育て講座などで講師活動を続けている。

著書

『子どもたちに表現のよろこびと生きる希望を』（日本機関紙出版センター）、『子育てがおもしろくなる話①』（同）、『子育てがおもしろくなる話②』（同）、『マジョリン先生おはなしきいて』（同）

他共著多数

現住所

〒590-0134　堺市南区御池台３丁20―２

カバー・表紙・扉デザイン／上中　志保
ワークシート／田路　千枝
四コママンガ／太田久美子

マジョリン先生の
学級づくりたねあかし

2013年３月25日　初版第１刷発行
2022年１月10日　第４刷発行

著者　土佐　いく子
発行者　面屋　尚志
発行所　フォーラム・A
〒530-0056 大阪市北区兎我野町15-13
ＴＥＬ 06（6365）5606
ＦＡＸ 06（6365）5607
振替 00970-3-127184

制作編集担当・奥村礼子

印刷・㈱関西共同印刷所／製本・立花製本㈱

ISBN978-4-89428-802-7 C0037